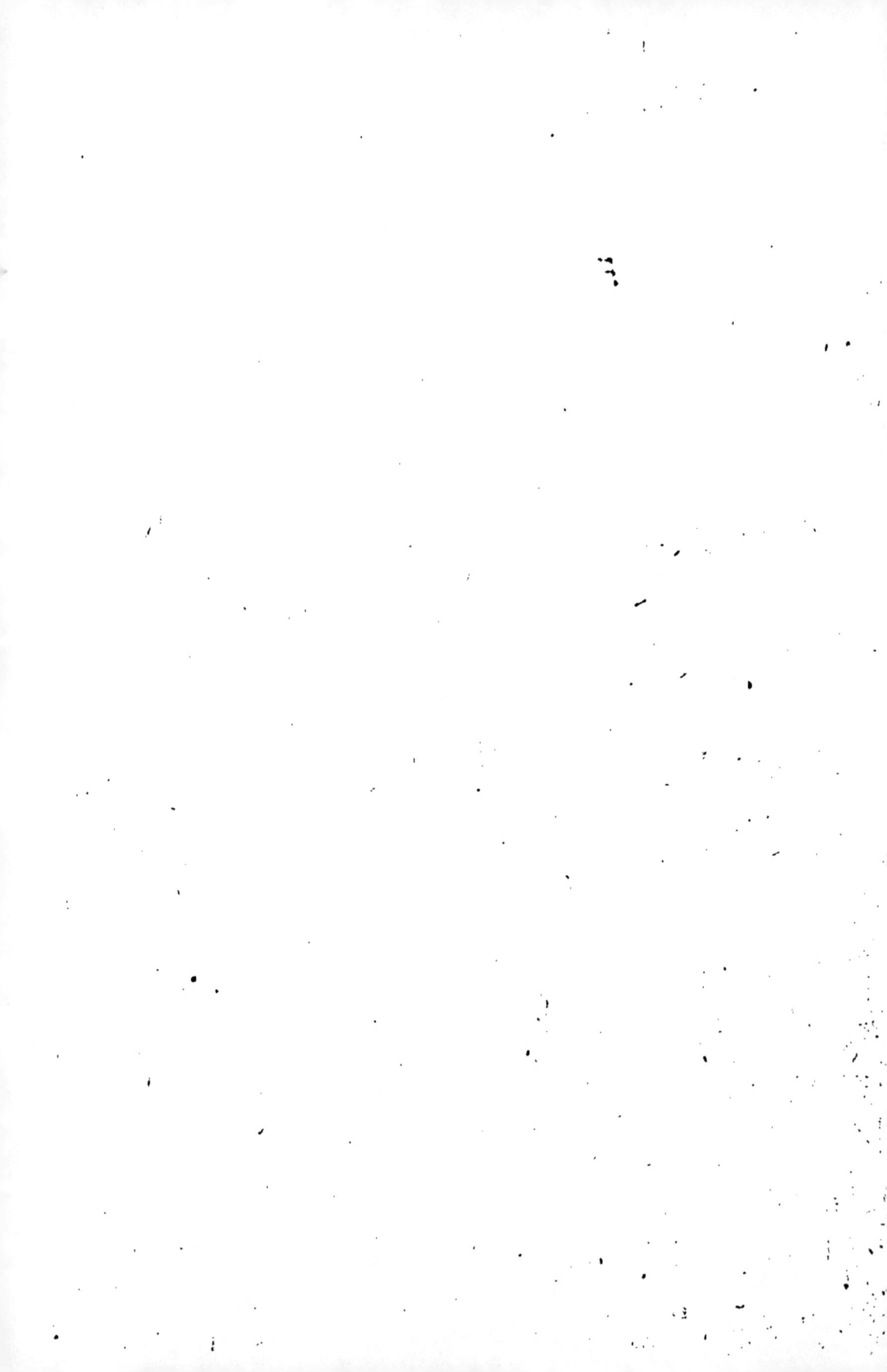

PETIT

LIVRE DE MORALE

Pédagogie pratique, simples conseils aux maîtres;
par T. GARSAULT, inspecteur de l'instruction primaire,
officier de l'instruction publique. Un vol. in-12, cart. . . 2 »

Cet ouvrage a été honoré d'une médaille d'argent de la *Société pour l'instruction élémentaire.*

Feuiller des écoles primaires (Le) ou Choix de fables à la portée des enfants, par J.-G. ÉTIENNE;
nouvelle édition, revue, modifiée et augmentée. 1 vol.
in-18, cart. . . . . » 65

Lectures familières sur le travail industriel, divisées en trois parties : 1º la force ou la physique industrielle (définition et nature de la force) ; 2º la matière ou l'histoire naturelle industrielle (les minéraux, les végétaux, les animaux); 3º le travail ou l'industrie (les industries minérales, les industries végétales, les industries animales); ouvrage renfermant 55 figures ; à l'usage des écoles primaires, des pensions, des collèges, etc.; par
L. POURRET. 1 vol. in-12, cart. 1 50

Livre des petits enfants (Le), premier livre de lecture courante, faisant suite à toutes les méthodes de lecture; avec gravures dans le texte; par S.-A. NONUS,
inspecteur de l'instruction primaire, lauréat de diverses
sociétés. 1 vol. in-18 raisin, cart. . . . . » 60

Cet ouvrage contient : 1º exercices d'une syllabe; 2º exercices d'une et deux syllabes; 3º exercices d'une, deux et trois syllabes; 4º exercices divers.

Mosaïque des écoles, par Louis COLLAS; livre de lecture et de récitation, orné de gravures; 3e édition,
revue. 1 vol. in-12, cart. 1 50

Tableau de la France politique, administrative, industrielle, historique, littéraire, pittoresque, etc., **et de ses colonies;** livre de lecture et d'étude; par Louis COLLAS,
professeur d'histoire et de géographie; nouvelle édition,
précédée d'un *Abrégé de géographie générale.* 1 vol. in-12,
cart 1 30

PARIS — IMPRIMERIE CHARLES BLOT, RUE BLEUE, 7.

PETIT
LIVRE DE MORALE

TRAITANT DE TOUTES LES QUESTIONS PRESCRITES

POUR LES ÉCOLES PRIMAIRES

Par le Programme officiel du 18 janvier 1887

PAR

T. GARSAULT

Inspecteur de l'instruction primaire, officier de l'Instruction publique

---

SIXIÈME ÉDITION

REVUE ET AUGMENTÉE, NOTAMMENT DE GRAVURES

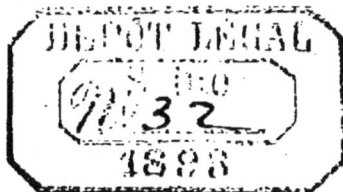

PARIS

LIBRAIRIE CLASSIQUE INTERNATIONALE

A. FOURAUT

47, RUE SAINT-ANDRÉ-DES-ARTS, 47

1893

ON TROUVE A LA MÊME LIBRAIRIE

Dictionnaire français (Nouveau), contenant : 1° tous les mots de la langue orthographiés *d'après la 7e et dernière édition (1878) du Dictionnaire de l'Académie française*, définis et expliqués à l'aide de **2300 figures ;** 2° la prononciation figurée de tous les mots qui offrent quelque difficulté ; 3° l'indication de tous les grands faits historiques ; 4° celle des personnages célèbres de tous les pays et de tous les temps ; 5° la géographie ancienne et moderne ; 6° la mythologie gréco-latine ; par L. POURRET. 1 vol. de 960 pages, in-18 jésus, cart.   2 60
— Relié en demi-chagrin . . . .   4 »

Histoire de France conforme aux nouveaux programmes, à l'usage des écoles primaires, des pensions, des classes inférieures des lycées et des collèges, etc.; par BEUZEVAL, inspecteur de l'instruction primaire, officier d'académie, et PRACHE, instituteur public.
— *Cours élémentaire et Cours moyen.* 1 vol. in-12, cart..   » 90
— *Cours supérieur,* spécialement destiné à la préparation au certificat d'études. 1 vol. in-12, cart. . . . .   2 »

Cette nouvelle histoire de France est divisée non par règnes, mais par époques ; ce n'est pas l'histoire des rois que les auteurs veulent enseigner, mais bien l'histoire de la nation française ; ils ont eu surtout en vue de faire naître et de développer chez les enfants l'amour du pays et le sentiment patriotique.
Le premier volume répond au programme prescrit pour les deux premiers degrés et le deuxième volume au programme prescrit pour le troisième degré d'enseignement dans les écoles primaires.

Formulaire mathématique ou **Recueil de formules** donnant la solution de toutes les questions usuelles sur les nombres, les surfaces et les volumes ; avec deux appendices (1° formules de physique et de mécanique ; 2° calculs par les logarithmes) et 284 exercices ; ouvrage destiné à tous les établissements d'instruction et à toutes les personnes qui connaissent les 4 règles de l'arithmétique ; par L. POURRET. 1 vol. in-12, cart..   1 »

PRÉFACE

Les livres abondent pour nos écoles, et, parmi
ceux qui sont destinés aux enfants, il en est, je le sais,
qui ont une grande valeur; il était donc téméraire
peut-être d'essayer d'en augmenter le nombre. Je
n'ai pourtant pas hésité, je l'avoue, à livrer celui-ci
à la publicité. Ce n'est pas assurément parce que je le
trouve parfait; mais il m'a semblé que, tel qu'il est,
il vient combler une lacune. On trouve beaucoup de
livres parlant de morale aux enfants, c'est incontestable ; mais aucun, à ma connaissance, n'a résumé
sous la forme que j'ai donnée à mes dialogues et avec
la méthode que j'ai suivie, méthode qui va du facile
au difficile, du simple au composé, qui se répète
souvent et qui résume chaque chapitre au commen-
cement de celui qui suit, les principes de morale
qui doivent être enseignés dans nos écoles. J'ai donc
pensé rendre un service aux maitres et aux élèves.
Si je me suis trompé, si mon livre a un devancier
plus parfait, devancier que je ne connais pas, qu'on
veuille bien me tenir compte de l'intention qui m'a
guidé en l'écrivant.

T. GARSAULT.

AVERTISSEMENT
POUR LA NOUVELLE ÉDITION

Cette nouvelle édition du *Petit livre de morale* a
été revue avec le plus grand soin, et, grâce à quelques

additions, elle traite de *toutes* les questions prescrites par le dernier programme officiel. En outre,
des gravures ont été intercalées dans le texte, ce qui,
joint à la façon simple et saisissante dont chaque
question est traitée, rendra l'enseignement de la
morale aussi agréable qu'accessible aux enfants et
contribuera, nous l'espérons, à augmenter la faveur
et la sympathie avec lesquelles les maîtres et les
maîtresses ont accueilli ce petit ouvrage.

INDEX

des questions prescrites par le Programme officiel.

Devoirs envers les parents. — Dans le
chapitre qui porte ce titre (page 3) sont suffisamment
développés les sentiments d'obéissance, de respect,
d'amour, de reconnaissance, des enfants envers leurs
parents. — Les devoirs des frères et des sœurs sont
bien indiqués aussi page 7. — Les devoirs envers
les serviteurs sont mentionnés dans le chapitre qui
traite des *Devoirs de l'homme envers ses semblables,*
page 41.

L'enfant dans l'école. — Tout ce qui concerne l'enfant dans l'école se trouve indiqué d'une
façon précise dans le chapitre intitulé *Devoirs envers
nous-mêmes,* page 20.

La patrie. — La définition de la patrie, les
devoirs que nous avons envers elle ont été exposés
d'une façon saisissante dans le chapitre consacré
aux *Devoirs de l'homme envers ses semblables,* page 41.
— La grandeur de la France et ses malheurs se
trouvent mentionnés avec émotion dans le chapitre
qui traite des *Devoirs envers l'État,* page 66. — Ce
qui concerne le travail, l'obligation du travail, la

noblesse du travail manuel, a été présenté de la façon la plus simple et la plus concise dans le chapitre relatif à *La propriété*, page 68.

L'âme. — Tout ce qui touche l'âme se trouve dans le chapitre ayant pour objet *La destinée de l'homme*, page 99.

Devoirs envers les autres hommes. — Ces devoirs ont été traités longuement sous le titre de *Devoirs de l'homme envers ses semblables*, page 33. — Au cours des récits et de l'exposé, on trouvera des définitions sur la bonté, la fraternité, la justice, la charité, la tolérance, la dignité, la clémence, la délicatesse, le dévouement, etc., etc.

Cet ouvrage en était à sa quatrième édition quand le programme officiel a paru ; aussi, tout en traitant de toutes les questions prescrites par ce programme, ne les présente-t-il pas dans le même ordre ; mais nous savons les instituteurs assez intelligents pour être convaincu qu'ils ne jugeront jamais un ouvrage par ce côté matériel. Ce que nous pouvons assurer, c'est que le *Petit livre de morale* est en usage dans les écoles du Havre, dont la réputation est bien connue, et qu'il a donné des résultats extrêmement remarquables. Le directeur de chaque école peut en tirer le même parti que ses collègues de la ville que nous citons et qui est une des premières pour l'intruction primaire : un ouvrage qui a réussi dans les écoles du Havre a obtenu une recommandation aussi enviable qu'enviée.

AUX ENFANTS

———

C'est à vous, mes petits enfants, que je dédie ces quelques pages. Puissiez-vous trouver de l'attrait aux récits que j'y ai intercalés pour briser la monotonie des graves questions que vous y aborderez ! Puissiez-vous retenir les principes de morale semés partout, et surtout les pratiquer dès aujourd'hui dans vos jeux, dans vos études, à l'école et à la maison, aussi bien que plus tard dans les joies et les revers qui sont notre partage !

Ce livre est le fruit d'une expérience acquise pendant vingt-six ans de ma vie, que je vous ai consacrée tout entière. Conservez-en le souvenir durant toute la vôtre : c'est le plus cher désir de celui qui vous aime comme enfants, comme frères et comme Français.

———

PETIT
LIVRE DE MORALE

PRÉAMBULE

Mes enfants, votre instituteur vous instruit tous les jours des choses que vous devez connaître pour devenir des citoyens sérieux, utiles à votre pays.

Vous aurez, je l'espère, en quittant ces bancs, un peu de science, cette grande puissance si nécessaire ; mais aurez-vous ce qui est principal, la connaissance et l'habitude du bien ?

Oh ! voici la grande chose dont on vous a peut-être parlé trop vaguement jusqu'à présent ! Je suis sûr qu'on a employé de grands mots et qu'on vous a effrayés avec des mystères ou d'autres sujets incompréhensibles et lugubres, de sorte que vous regardez peut-être le bien comme le devoir le plus difficile, le plus ennuyeux et le moins intéressant à pratiquer. Mes chers enfants, mes futurs hommes, il n'en est point ainsi, au moins je veux essayer de vous le prouver. Voulez-vous que nous apprenions ensemble? Voulez-vous savoir comment vous devez vous comporter dans les occasions les plus difficiles de votre vie d'écolier et plus tard de votre vie de citoyen français? Oui, n'est-ce pas? Vous désirez de tout votre cœur accomplir le bien, parce que vous êtes de bons petits enfants, qui faites mal parfois sans doute, mais qui regrettez d'avoir mal fait, et qui voudriez pouvoir vous dire chaque soir : « Mon père, ma mère, mes maîtres, moi-même, chacun est content de moi. »

Pour commencer notre occupation si utile et qui sera, je l'espère, si efficace, ce ne sont pas des leçons que je veux vous faire ; car au fond, vous le verrez, vous savez déjà ce que je veux vous dire : vous prononcerez avant moi nos plus belles vérités. De grands messieurs bien savants appellent cela des maximes, des principes et d'autres noms encore. Voilà des mots trop difficiles de prime abord : quelque chose en nous nous dira que cela est la vérité, nous n'en chercherons pas davantage et nous nous occuperons bien plus de la mettre en pratique que de lui donner un nom.

Bientôt même vous deviendrez à votre tour des maîtres, vous enseignerez à vos frères et à vos sœurs plus jeunes ce que vous aurez appris avec moi, vous le répéterez à vos parents et vous vous préoccuperez surtout de l'appliquer entre vous. La satisfaction du devoir accompli vous récompensera bien vite des légers efforts que vous aurez faits pour vous vaincre vous-mêmes. Alors nous pourrons aborder des questions plus difficiles et plus sérieuses, nous nous familiariserons avec des mots plus techniques et nos conversations deviendront de véritables leçons philosophiques.

Ceci posé, mes chers enfants, nous allons apprendre quelque chose de bien intéressant, d'aussi amusant peut-être même que les histoires dont votre bon maître vous fait la lecture, quand vous vous êtes montrés sages écoliers, en attendant que vous soyez des hommes dignes de ce nom. Voulez-vous ? Je vois que vous êtes tous attentifs et je vous en témoigne ma satisfaction. Mais il est inutile de vous contraindre pour être bien sérieux : si quelque chose en dehors de mes paroles vous surprend, vous distrait et vous amuse, dites-le-moi tout de suite ; je ne vous gronderai pas ; nous en rirons, au contraire, ensemble, s'il y a de quoi, et nous trouverons probablement dans ce qui vous a distraits un moyen de causer de ce qui est beau, grand et bon ; car sous les choses les plus futiles en apparence se cache souvent un noble but généralement toujours le même, la *recherche du bien.*

I. — Devoirs envers les parents.

Mes chers enfants, vous si insouciants et si bons, vous qui vous livrez avec tant de grâce aux jeux de votre âge, qui êtes poussés par ces petites passions qui grandiront avec vous, qui commencez déjà à réfléchir, peut-être, interrompant un instant votre partie de bille ou votre verbe commencé, avez-vous parfois reposé votre petite tête dans vos mains et pensé à vos parents, à vos amis, à vous-mêmes, à notre patrie la France, plus sérieusement que d'ordinaire. Peut-être même les plus âgés d'entre vous se sont-ils demandé comment ils avaient sous les yeux les grands spectacles de la nature, les concerts des petits oiseaux et les lumières brillantes des astres du soir. Peut-être ont-ils réfléchi qu'ils quitteront tout cela un jour comme votre pauvre ami, qu'on a enseveli dernièrement sous le tertre du cimetière. Tous assurément se sont dit que la mort est quelque chose de bien triste, que pourtant nous mourrons tous, mais qu'en attendant on doit avoir quelque chose à faire dans cette vie.

Ce sont là des problèmes bien sérieux et bien graves, mais en même temps bien curieux, n'est-ce pas? Eh bien, cherchons ensemble à les résoudre.

D'abord, Pierre, dites-moi, après avoir bien réfléchi et consulté votre voisin, si tous deux vous êtes contents de vivre, d'être sur la terre; si vous ne seriez pas bien tristes qu'une grosse maladie vous vînt, menaçât de vous emporter et qu'il fallût vous résigner à dire adieu à vos parents, à vos amis, à tout ce qui vous entoure. Vous, Paul, aidez-vous aussi de votre voisin et cherchez à savoir si vous aimez vos parents et pourquoi vous les aimez. Et vous autres tous, mes enfants, réfléchissez et préparez une réponse aux questions que je viens de poser.

PIERRE. — Je n'y avais jamais réfléchi, mon cher maître ; mais il me semble que la vie est un grand bienfait et que la mort est le plus grand malheur qui puisse nous arriver.

LE MAITRE. — C'est très juste. Voyez-vous, vous savez cela sans l'avoir jamais appris. Et vous, Paul, qu'avez-vous à dire ?

PAUL. — Nous aimons nos parents, monsieur, plus que toute autre personne ; ils nous punissent, il est vrai, et, quand ils le font, nous pouvons croire que nous les aimons moins ; mais nous revenons toujours à de meilleurs sentiments. Je ne sais pas au juste, par exemple, pourquoi nous les aimons.

LE MAITRE. — Et vous autres ?

UN AUTRE ENFANT. — Je crois que c'est parce que nous sommes nés chez eux.

UN AUTRE. — N'est-ce pas parce que ce sont eux qui ont pris soin de notre enfance ?

UN AUTRE. — Je crois aussi que nous ressentons quelque chose qui nous pousse vers eux. Ma mère me frapperait, me chasserait et me ferait souffrir, je crois que je l'aimerais encore.

LE MAITRE. — Très bien. Cela est très juste, mes enfants : un sentiment d'affection qui vient du plus profond de notre cœur nous pousse à aimer nos parents. Et puis ce sont eux qui nous ont soignés ; c'est au sein de notre mère que nous avons puisé notre première source de vie ; nous sommes venus au monde nus comme le ver de terre ; sans les soins maternels, nous eussions péri infailliblement. Et notre père ! C'est pour nous donner le pain de chaque jour qu'il reste courbé sur son travail

quotidien et qu'il prend parfois sur son sommeil. Oh ! aimons bien nos parents ! Mes enfants, serait-ce bien mal de ne pas les aimer ou d'être indifférents à leur égard ?

Tous. — Oui ! Oui !

Le maitre. — Eh bien ! nous trouvons déjà que, parmi ce que nous pouvons faire sur la terre, un des premiers devoirs qui nous est naturellement indiqué, c'est d'aimer nos parents.

Tous. — Oui !

Le maitre. — Comment ferons-nous pour leur prouver notre amour ?

PIERRE. — Nous leur épargnerons toutes les fatigues dont nous pourrons les décharger.

LE MAITRE, — Oui, et aussi tous les chagrins qui peuvent venir de nous. Que ferons-nous encore, Paul ?

PAUL. — Nous leur obéirons ; nous travaillerons à l'école ; nous aurons mille prévenances pour eux.

LE MAITRE. — C'est cela, et de cette façon vous témoignerez vraiment votre amour à vos parents. Vous verrez plus tard que nous devons aussi aimer tous nos semblables ; mais, parmi ces semblables et au sein de la même famille, nous vivons dans une intimité de chaque jour avec de petits êtres qui sont nos frères et nos sœurs. Nous commençons la vie avec eux ; élevés par les mêmes parents, dans les mêmes sentiments, souffrant des mêmes souffrances, étant heureux des mêmes joies, ayant enfin des devoirs communs, il est naturel que nous soyons unis les uns aux autres par des devoirs réciproques. Ne pourriez-vous, Jacques, m'expliquer quels sont nos devoirs envers nos frères et nos sœurs ?

JACQUES. — Nous devons les aimer.

LE MAITRE. — Certainement, mon enfant, mais nous devons également aimer tous nos semblables. Est-ce que notre affection ne doit pas prendre à l'égard de nos frères et de nos sœurs une forme particulière ?

LÉON. — Si, monsieur.

LE MAITRE. — Eh bien, quelle est cette forme ?

PIERRE. — Je crois, monsieur, et je sens que nous devons les aimer plus que les autres, les secourir davantage et leur éviter plus qu'à tous les autres les peines de cette vie.

LE MAITRE. — Parfaitement. Écoutez cette histoire qui vous convaincra et vous servira de règle de conduite.

ANDRÉ, LE BON FRÈRE

André, fils d'un artisan, avait trois frères et deux sœurs. Cette nombreuse famille était citée dans tout le village pour la bonne éducation et les bons sentiments. André surtout était donné comme un modèle à tous les petits frères des environs.

Jean, qui était le fils du voisin le forgeron, était connu au contraire comme mauvais fils et mauvais frère.

André était laborieux et intelligent, mais il avait par-dessus tout bon cœur. Jean avait aussi de l'intelligence, mais il était paresseux, et, quoique ne manquant pas de cœur, il trouvait que les devoirs de la famille sont difficiles à accomplir; aussi préférait-il le jeu et ses fantaisies à toute occupation qui aurait pu soulager un peu sa mère des soins à donner à ses frères et à ses sœurs, dont une, hélas! vint à mourir. Jean, profondément touché, se reprocha de ne l'avoir pas assez aimée et soignée pendant qu'elle était sur la terre, et il se promit, sur la tombe qui recouvrait le cercueil de la pauvre petite, d'aimer davantage ses frères, la sœur qui lui restait et même ses petits amis; mais il était assez embarrassé, car il n'avait jamais essayé. Si je m'adressais à André, se dit-il, il m'enseignerait bien comment je dois m'y prendre. André est

mon voisin, je vois chez lui l'accord, la bonne amitié
régner entre tous les membres de la famille. Je vais

aller le trouver. Il est trop bon pour que j'aie peur
qu'il se moque de moi.

André fit le meilleur accueil à Jean. Vois-tu, lui dit-
il, il est moins difficile de s'aimer entre frères et sœurs
que tu ne le supposes. Voici comment j'agis :

« Je suis l'aîné. Au lieu d'abuser de ma force pour
m'imposer à mes frères dans nos jeux et dans nos
travaux, je cède toujours à ce qu'ils désirent, quand
cela n'est pas déraisonnable : je leur épargne ainsi
plusieurs petits chagrins.

— Je ferai cela, se dit Jean.

De plus, ajouta André, je les entoure de soins
comme je l'ai vu faire à ma mère : je leur épargne
ainsi souvent des remontrances ou des punitions, et
cela bien facilement.

« Si je vois que ma petite sœur Marthe salit sa robe
neuve, par exemple, ou se prépare à faire quelque
sottise de son âge, au lieu de la gronder moi-même
ou de la faire punir par ma mère, je l'amuse autrement et attire son attention sur autre chose. Je lui dis
aussi que, si elle fait mal, elle causera du chagrin à
maman, à moi, à tout le monde, et qu'elle-même sera

toute fâchée. Puis je la distrais, je lui apprends à lire,
lui montre des images, enfin je fais mon possible

pour remplacer, en l'absence de nos parents, les soins
qu'elle en recevrait. Surtout je ne la frappe jamais.
Elle m'aime beaucoup. Je fais la même chose pour
mes frères et mes autres sœurs, et je suis bien plus
heureux avec eux que tu ne l'es avec les tiens. »

Jean écouta ces conseils, les suivit mal d'abord,
car il est difficile de pouvoir faire immédiatement très
bien; mais, sa persévérance et sa bonne volonté
aidant, il devint un aussi bon fils et un aussi bon
frère qu'André.

Voulez-vous faire comme eux?

Tous. — Oui!

Le maitre. — Eh bien, notre première conversation est à peu près finie. Si elle vous a intéressés, vous trouverez bien à m'écrire pour la prochaine fois un conte dans lequel vous dépeindrez un petit enfant qui aime bien ses parents et qui fait tout pour le prouver. Jacques, encore une question : Comment nomme-t-on une chose que nous devons faire?

JACQUES. — Un devoir.

LE MAITRE. — Est-ce un devoir d'aimer ses parents?

TOUS. — Oui.

LE MAITRE. — Eh bien, que direz-vous à vos parents, à vos petits frères, à vos petites sœurs, à vos amis, quand vous parlerez de notre classe de ce soir?

TOUS LES UNS APRÈS LES AUTRES. — Nous leur dirons que nous sommes sur terre pour accomplir certains actes qu'on nomme devoirs, que nous connaissons déjà un de ces devoirs, qui est d'aimer nos parents et de le leur prouver par notre respect, nos soins, notre obéissance et la recherche de tout ce qui peut leur être agréable.

LE MAITRE. — Appliquez ces principes, mes petits amis : vous serez satisfaits de vous-mêmes ainsi que vos parents. Me promettez-vous d'essayer?

TOUS. — Oui.

LE MAITRE. — Eh bien, nous verrons : j'inscris votre promesse. Vous serez récompensés, je le répète, par la satisfaction que vous témoigneront vos parents et par la vôtre propre; ce sera la première et non la seule. Toutefois, dans l'accomplissement de vos devoirs, ayez surtout et avant tout en vue ce but à atteindre : faire son devoir, parce que c'est le devoir.

QUESTIONNAIRE ET CONSEILS AUX MAITRES. — Pour s'assurer si les élèves ont bien saisi, le maître pourra leur faire des questions de cette nature :

Que personnifie pour vous André? — Et Jean? — Quel est l'événement qui fit rentrer Jean en lui-même ? — Comment vous rendez-vous compte de cette crainte qu'exprima Jean de voir André se moquer de lui parce qu'il va lui demander un bon avis?

Insister sur ce point et bien faire comprendre aux enfants que l'élève qui questionne le plus souvent n'est pas du tout l'enfant le plus ignorant de la classe, mais au contraire le plus attentif, le plus studieux, celui qui désire le plus profiter des leçons reçues. Les enfants ne parlent pas assez dans les écoles ; ils sont retenus par l'effort d'esprit qu'il leur faut faire pour poser convenablement une question, et aussi par la crainte de passer pour ignorants. Il faut combattre ce faux respect humain : on obtiendra alors peu à peu une intervention plus active des enfants. C'est un résultat qu'il importe d'atteindre.

On fera remarquer que les attentions d'André pour sa petite sœur s'adressent aussi bien au corps qu'à l'esprit. Il est doux, affectueux, aimant.

C'est, en définitive, le bon exemple qui a amené Jean à s'adresser à André. Faire bien ressortir l'influence du bon exemple.

---

2. — Devoirs envers Dieu.

LE MAITRE. — Mes chers petits hommes, vous souvenez-vous bien de ce que nous avons dit la dernière fois? De quoi avons-nous parlé?

LES ENFANTS. — De notre vie sur terre et du devoir d'aimer nos parents.

Le maitre. — Je vous ai dit de composer chacun une historiette : lisez la vôtre, Pierre. (Pierre lit et plusieurs autres ensuite. Le maître blâme ou approuve et fait ensuite le récit suivant.)

L'ENFANT QUI AIME SA MÈRE

Louis était un charmant enfant d'une dizaine d'années : grands cheveux noirs, yeux brillants et teint rose. Il était fils d'un laboureur, et son plus cher

désir était de contenter sa bonne mère. Joseph, au contraire, le fils de son voisin, considérait ses parents, qui le gâtaient beaucoup, un peu comme des serviteurs placés à sa disposition. Il laissait sa mère, faible de santé, s'occuper seule des soins du ménage et jamais il ne lui eût rendu un de ces petits services qui indiquent un enfant sensible, un fils affectionné, prévenant et tendre.

Un jour que Louis était à table chez Joseph, il ne put s'empêcher de remarquer la conduite de ce fils au moins indifférent, et après le repas il crut devoir lui dire combien il trouvait sa conduite répréhensible. Comment, lui fit-il observer, peux-tu agir ainsi? Tu n'aimes donc pas ta mère? Et le pauvre enfant, à cette pensée qu'un fils pût ne pas aimer sa mère, pleurait à chaudes larmes.

Joseph était ému. Mon ami, lui dit Louis, ne penses-tu pas que ta pauvre mère t'a donné le jour, que depuis ta naissance c'est elle qui a toujours pris soin de toi? Que de veilles! que de fatigues, que de souffrances de chaque jour, de chaque heure, de chaque instant! Étant petit, tu avais mille besoins qu'elle seule pouvait satisfaire. Toujours près de ton berceau, elle épiait tes moindres gestes et allait au-devant de tes désirs. Plus grand, elle t'a instruit, elle t'a protégé; sa sollicitude inquiète t'a suivi partout. Et, pendant cette dernière maladie qui t'a fait tant souffrir, n'a-t-elle pas autant souffert que toi, ne s'est-elle pas multipliée pour soulager tes maux? Et puis enfin, quand tu dis *Ma mère*, le son de ces deux mots ne te remplit donc pas le cœur de tendresse et d'amour!

Joseph n'avait jamais réfléchi à tout cela. Comme au fond il n'était pas mauvais, il commença dès ce jour à aimer ses parents, dont ses prévenances et sa tendresse ne tardèrent pas à devenir la joie de chaque instant. Rendu soumis et laborieux, grâce aux simples réflexions de son camarade, il fut par son travail et son application l'orgueil de sa mère et le bonheur de toute sa famille.

Qui de vous veut faire comme Louis et Joseph?

Tous. — Moi! Moi!

Le maitre. — Très bien.

Nous avons vu dans notre dernière causerie que nous avons des devoirs à remplir envers nos parents : pensez-vous, Pierre, que ce soient là les seuls?

Pierre. — Non. Je comprends que nous ne sommes pas seulement sur la terre pour aimer nos parents; mais je ne puis définir nos autres devoirs.

Le maitre. — Je vais vous aider. Pierre, ouvrez la fenêtre. Bien. Maintenant, mes enfants, regardez, et dites-moi ce que vous voyez.

Un enfant. — Le ciel.

Un autre. — Des arbres.

Un autre. — La rivière.

Un autre. — Des maisons.

Un autre. — Des montagnes là-bas.

Le maitre. — Et puis des habitants, des hommes, des bêtes. Eh bien, mes enfants, pensez-vous que toutes ces grandes choses se soient créées elles-mêmes? Pensez-vous que le premier homme qui vint au monde se trouva sur la terre par le fait du hasard? Non, n'est-ce pas! Vous savez bien qu'il a fallu des ouvriers pour construire la maison d'école où nous nous instruisons et un auteur pour composer le livre où vous lisez; de même un grand artisan a créé tout ce qui est dans la nature, depuis le brin d'herbe jusqu'au soleil étincelant, et cet ouvrier, que nous ne connaissons pas, mais dont nous pouvons constater l'existence par ses œuvres, nous le nommerons *Dieu*.

Paul, connaissez-vous une fable de La Fontaine où se trouve cette phrase : « A l'œuvre on connaît l'artisan? » Qu'est-ce que cela veut dire?

Paul. — Cela veut dire qu'on peut juger du talent d'un ouvrier par son ouvrage.

Le maitre. — Pensez-vous alors que celui qui a construit le monde soit un grand ouvrier?

Paul. — Oh! oui, monsieur.

(A ce moment un enfant dissipé prend une mouche qui se posait sur l'épaule du voisin.)

Le maitre. — Eh bien, mon enfant, que faites-vous donc?

(L'enfant tout confus rougit).

Le maitre. — Apportez-moi donc cette mouche, mon ami. Bien. Maintenant, allez la dessiner au tableau. (L'enfant obéit.)

Dites-moi, à présent, une mouche, est-ce quelque chose de bien remarquable ?

LA PLUPART DES ENFANTS. — Oh ! non.

QUELQUES-UNS. — Oui.

LE MAITRE. — Allons, je vois que quelques-uns du moins sont observateurs.

Une mouche, mes enfants, est une œuvre du Créateur. Cette œuvre, si nous ne connaissions pas les autres, nous paraîtrait en tout admirable. Voyez ces ailes diaphanes qui supportent dans l'air ce corps si léger. Dans ce corps si petit, que de merveilles ! Des tuyaux contournés plus fins que des cheveux transportent le sang dans toutes les parties les plus délicates, même dans ces pattes moins grosses qu'un fil, même dans ces ailes qui sont transparentes. Et tenez, justement à cause de cette transparence, on voit de petits canaux qui se ramifient à l'infini. Cet insecte est vraiment digne de toutes les autres œuvres du Créateur. Toutefois il en est une qui paraît les dépasser toutes, une qui nous concerne, je veux parler de l'homme, ce chef-d'œuvre des chefs-d'œuvre.

Mes enfants, nous avons vu que la vie est un bienfait. C'est le Créateur qui nous l'a donnée : devons-nous l'en remercier ?

PIERRE. — De tout notre cœur.

LE MAITRE. — Jacques, quelle idée vous faites-vous du Créateur ?

JACQUES. — C'est bien difficile de répondre à cette question, et je pense que nous ne pouvous pas dépeindre exactement le Créateur du monde.

LE MAITRE. — C'est très vrai, mes enfants : à l'œuvre on connaît l'artisan, je le répète ; c'est pourquoi nous nous figurons Dieu comme réalisant dans l'ineffable majesté de son être toutes les perfections.

Pierre, dites-moi quelques qualités que vous attribuerez à Dieu pour me montrer ses perfections.

PIERRE. — Il sera fort.

UN AUTRE. — Il sera bon.

UN AUTRE. — Il sera juste.

LE MAITRE. — Et sage, mes amis ; en un mot, il sera tel qu'il réalisera le bien dans son intégrité.

Pierre nous a dit que nous devons remercier Dieu ; devons-nous l'aimer ?

ANDRÉ. — Oui, monsieur, puisque nous aimons nos parents, que c'est de lui que nous tenons la vie et qu'il nous a placés sur terre au milieu des merveilles de la création. Et puis nous ne pouvons le remercier sincèrement sans l'aimer.

LE MAITRE. — Fort bien répondu : l'accomplissement des devoirs envers Dieu constitue ce qu'on appelle un culte. Le culte, si vous voulez encore, est un ensemble de pratiques religieuses qu'on trouve partout, chez les nations les plus policées comme chez les peuplades les plus sauvages. Ces pratiques sont universelles comme l'idée de Dieu.

Mais tout ce qui regarde ce point spécial est du domaine de l'Église et non de l'école. Qu'il vous suffise de savoir que la plupart des humains ont composé leur culte de pratiques parfois grossières et souvent superstitieuses. Le christianisme, religion à laquelle vous appartenez, a fait disparaître beaucoup de ces superstitions en déclarant que « *Dieu veut être adoré en esprit et en vérité* ».

Les différentes manières d'adorer Dieu ont constitué les différentes religions. En France, il y a principalement des catholiques, des protestants et des juifs.

Avant que nos mœurs fussent ce qu'elles sont, avant que l'esprit de tolérance se fût imposé, les hommes qui n'avaient pas la même religion se considéraient comme des ennemis, et, hélas! au nom de Dieu, ils ont torturé, massacré et livré aux flammes ceux qui ne pensaient pas comme eux en matière religieuse. Ayons horreur de ces abominables exécutions et regardons tous les hommes comme des frères, à quelque religion qu'ils appartiennent. Cet esprit de tolérance est conforme à la morale, dont le but est de nous faire connaître nos devoirs et de nous les faire pratiquer. Ce sera remplir ainsi un de nos devoirs envers Dieu, puisque nous allons par là au bien et que pour nous Dieu est le *Souverain Bien*. Ces paroles seront le résumé de notre leçon.

Vous préparerez pour demain une histo-

riette dans laquelle vous appliquerez tout ce
que nous avons dit aujourd'hui.

---

3. — Devoirs envers nous-mêmes.

LE MAITRE. — De quoi avons-nous parlé la
dernière fois?

PIERRE. — De nos devoirs envers Dieu.

LE MAITRE. — Qu'avons-nous dit à ce sujet?

ADOLPHE. — Que Dieu a tout créé sur la
terre et dans les cieux; qu'une mouche même
est une œuvre digne de lui; qu'il nous a créés
aussi, que nous devons l'aimer, le remercier;
puis nous avons parlé du christianisme, qui
nous délivra de beaucoup de superstitions; enfin, monsieur, vous nous avez vanté l'esprit de
douceur, de charité et de tolérance.

LE MAITRE. — Bien. Racontez-moi votre historiette, Maxime.

Après que chaque élève a lu son historiette,
le maître raconte ce qui suit:

LA RÉSIGNATION RAISONNÉE

Un pauvre homme n'avait presque jamais été heureux sur la terre. Sa femme était morte à la naissance de son premier enfant; son fils unique l'avait quitté et laissé dans la misère; enfin, maintenant qu'il était plus vieux, les infirmités commençaient à le faire cruellement souffrir et à interrompre son travail. Notre vie ici-bas, pensait-il, est comme un grand festin : pour les uns, la table est toujours bien servie; les autres sont réduits à la portion congrue. Oh! pourquoi suis-je né? Il en était là de ses réflexions, lorsqu'il remarqua les abeilles diligentes occupées

sans cesse à chercher le miel au fond des corolles évasées, les fourmis actives construisant leurs édifices souterrains et les oiseaux travaillant à leurs nids.

Il songea que toutes les bêtes naissent, travaillent et meurent; qu'elles paraissent heureuses malgré leurs peines, que toutes fuient le danger, font les plus grands efforts et prennent mille précautions pour conserver leur frêle existence. C'est donc un bonheur de vivre, se dit-il, puisque toutes les créatures, même les plus humbles, tiennent avant tout à conserver leur vie ! Je blasphémais tout à l'heure. Dieu m'a créé. Je vis. Merci.

Je vous aime, Seigneur, autant que vous aiment les abeilles et les fourmis, et je ne me plains plus d'être né, puisque c'est vous qui êtes la sagesse, la justice, la puissance, la bonté, et qui avez permis que je vienne sur la terre ! Et le pauvre homme dit adieu aux insectes plus sages que lui; il retourna à son travail en louant le Créateur de toutes choses et en se disant que ce que Dieu a fait est bien fait.

Avez-vous bien compris la signification de cette historiette ?

LES ENFANTS. — Pas très bien.

LE MAITRE. — Je vais vous l'expliquer. Pierre, que disait cet homme? quelle parole surtout vous a frappé ?

PIERRE. — Il a dit : Pourquoi suis-je né ?

LE MAITRE. — Pourquoi se plaignait-il ?

PIERRE. — Il se plaignait de sa vie malheureuse et il enviait le sort de ceux qui, disait-il, ont la meilleure place au festin.

LE MAITRE. — Pensez-vous, Gustave, qu'il avait tort de se plaindre, s'il était malheureux ?

GUSTAVE. — Je crois que j'en aurais fait autant à sa place.

LE MAITRE. — Eh bien, vous auriez eu tort, mon enfant, et je vais vous le démontrer.

Vous savez que vous avez des devoirs à remplir envers Dieu, vous savez que vous en avez aussi à remplir envers vos parents; mais pensez-vous que vous en ayez à remplir envers vous-même ?

PIERRE. — Je le crois, mais je ne sais pas lesquels.

LE MAITRE. — Eh bien, rappelez-vous ce que disait le pauvre homme. Il aimait sa femme et son fils, il avait aimé ses parents; mais, après avoir perdu sa femme, après avoir quitté son père et sa mère, après que son fils l'eut abandonné, après que les infirmités furent venues avec l'âge, comme il avait rempli tous ses devoirs envers Dieu et envers ses parents, ne lui restait-il plus rien à faire ? Il n'avait qu'à se laisser mourir, puisqu'il était malheureux sur la terre: il se débarrassait ainsi de toute souffrance. Est-ce cela qu'il fit, Julien ?

JULIEN. — Non. Il alla dans les champs et remarqua l'œuvre des fourmis et des abeilles. Il s'aperçut que toutes les bêtes s'occupent à conserver leur existence, qu'elles luttent et travaillent constamment dans ce but; il pensa alors que l'existence est un bien et, au lieu de songer à s'en priver et de s'appesantir sur la réflexion qui l'avait conduit à se demander pourquoi il était né, il retourna à son travail en remerciant Dieu de lui avoir donné la vie.

LE MAITRE. — Le premier de nos devoirs envers nous-mêmes est donc de conserver notre vie. Dites-moi pourquoi, Émile.

ÉMILE.— Parce que Dieu, qui est le bien suprême, nous l'a donnée et que nous devons avoir soin de son œuvre. C'est une manière de nous acquitter de nos devoirs envers lui; car nous ne l'aimerions pas, si nous tentions de détruire ce qu'il a créé.

LE MAITRE. — C'est vrai, mon enfant. Comment qualifieriez-vous un de vos amis qui, pour vous prouver son affection et sa reconnaissance d'un bienfait reçu, commencerait par détruire un de vos ouvrages, qui, par exemple, déchirerait votre plus beau dessin? Ne serait-ce pas là une singulière façon de prouver son amitié? Eh bien, il en est de même pour nous: nous devons conserver notre vie dans la mesure de nos forces, parce que, je le répète, c'est l'œuvre d'un Créateur que nous aimons. Nous devons aussi soigner notre corps pour entretenir sa vigueur et sa santé. C'est pourquoi la gymnastique fait partie de l'enseignement de l'école. Appliquez-vous à ces exercices, qui ont pour effet de rendre votre corps plus robuste, de mieux équilibrer vos forces, de vous donner plus d'agilité, ce qui vous permettra, en cas de danger, d'incendie, par exemple, de porter de prompts secours là où l'homme de cœur peut se voir condamné à l'impuissance, s'il doit se défier de son adresse, de son sang-froid et de ses forces.

C'est donc remplir un devoir que de développer par des exercices spéciaux les forces que la nature nous a données. Pour nous rendre plus aptes à ces exercices, il faut, non seulement, comme nous l'avons déjà dit, soigner notre corps, mais de plus éviter les excès qui tous sont nuisibles.

A votre âge, où l'on n'a encore que des commencements de défauts et jamais de vices, la tâche est facile, à la condition toutefois qu'on surveille attentivement le développement des penchants qui se manifestent en vous.

Vous devez être sobres et tempérants, non pas seulement dans l'intérêt de votre corps, mais surtout dans l'intérêt de votre âme, c'est-à-dire par respect pour votre dignité de créature raisonnable.

Savez-vous, Lucien, ce que c'est que la sobriété ?

LUCIEN. — C'est manger et boire selon le besoin.

LE MAITRE. — Oui. Et la tempérance ?

LUCIEN. — Je crois que c'est la même chose que la sobriété.

LE MAITRE. — Vous avez raison, si le mot tempérance se rapporte au boire et au manger ; mais ce mot a d'autres applications et l'on peut dire d'une façon générale que la tempérance est une vertu qui modère les passions et les désirs. Si la prudence est une qualité de l'esprit, la tempérance, dans son sens élevé, est une qualité du cœur.

JOSEPH. — Vous nous avez dit tout à l'heure que nous devons être tempérants par respect pour notre dignité. Dites-nous donc, monsieur, ce que c'est que la dignité.

LE MAITRE. — C'est le sentiment que nous

avons dans l'âme et qui participe de l'honneur et du devoir. La dignité réside surtout dans la pensée. C'est une grande force, quand on a la ferme volonté de ne jamais démériter en face de sa conscience. C'est par la dignité que nous nous élevons au-dessus des êtres inférieurs de la création. Par suite, c'est oublier notre rôle et nous rabaisser que de pécher contre la sobriété. Les bêtes ne tombent point dans les excès où l'homme se laisse entraîner ; elles n'ont pas la tempérance par raison et par vertu, mais par instinct de la nature. Il est donc dégradant pour l'homme de satisfaire une passion aussi honteuse que l'intempérance. De plus notre corps en souffre ; les organes, surmenés, s'affaiblissent ; l'intelligence s'obscurcit ; les facultés s'engourdissent. On a dit que la sobriété est l'amour de la santé : ayons cette passion, elle nous est permise.

Mais, dites-moi, les soins du corps sont-ils les seuls qui doivent nous préoccuper ? Ne devons-nous rien à notre esprit ? (Vous savez que nous avons un corps et un esprit).

Lucien. — Nous devons cultiver notre esprit et accroître notre intelligence par le travail.

Le maitre. — Comment cultivons-nous notre esprit, Eugène ?

Eugène. — Par l'instruction.

Le maitre. — Oui, mon enfant. Et où nous instruisons-nous ?

Eugène. — A l'école.

Le maitre. — Sans doute. Mais ne saviez-vous rien avant de venir en classe? Ne saviez-vous pas parler, par exemple? Assurément si, et vous saviez beaucoup d'autres choses encore. Qui vous les a apprises? Votre mère, qui a été votre première institutrice. Voilà pourquoi encore vous devez l'aimer.

Mais votre mère seule, à cause de ses occupations, ne pourrait pas continuer à vous instruire. De là pour vous la nécessité de venir à l'école.

Voyons, André, est-ce que vous ne vous êtes pas dit que c'est bien ennuyeux de venir à l'école? Soyez sincère.

ANDRÉ. — Monsieur, je l'avoue : être libre et jouer me semblerait bien préférable à la contrainte que nous impose la classe.

LE MAITRE. — Je comprends bien que vous raisonniez ainsi et je vous sais gré de votre franchise ; mais, mon enfant, l'homme est placé ici-bas dans un but d'amélioration et de progrès qu'il ne pourra atteindre que par le travail. Pour que son travail soit efficace, l'homme doit le dominer, qu'il s'agisse du travail de l'esprit ou du travail de la main.

Je vois quelques-uns d'entre vous manifester de l'étonnement. Il y a donc plusieurs sortes de travail, vous dites-vous? Oui, mes enfants : ne croyez pas que l'on travaille seulement quand on est laboureur comme le père de Jules, ou quand on ferre les chevaux comme le maréchal, ou quand on est sabotier, tisserand, tailleur, boulanger, etc.; on tra-

vaille encore quand on est instituteur, notaire,
médecin, greffier, etc. Dans ce travail, le corps
a moins de part que l'esprit, c'est vrai ; mais
c'est un travail sérieux néanmoins, qui use
autant que le travail manuel ; et d'ailleurs le
travail de l'esprit doit succéder à celui de la
main, si l'on veut que la société progresse.

C'est grâce aux travaux des gens savants,
de ceux qui travaillent par l'esprit, que nous

avons les chemins de fer, le télégraphe, et que
fonctionnent ces nombreuses et puissantes
machines qui remplacent si souvent la main
de l'homme en lui épargnant ainsi les travaux
les plus fatigants. Vous voyez donc que les
travaux de l'esprit profitent à l'ouvrier lui-
même et que nous devons applaudir aux progrès accomplis.

PAUL. — Monsieur, voulez-vous me permettre une réflexion ?

LE MAITRE. — Assurément, mon ami.

PAUL. — Voici ce que je veux dire : Je comprends bien qu'il faut être savant pour devenir médecin, ingénieur, avocat, instituteur ; mais est-ce qu'on a besoin de savoir tant de choses pour être un bon maçon ou un bon charpentier, et alors pourquoi nous faire venir si longtemps en classe ?

LE MAITRE. — On ne vous impose pas des études aussi longues que celles après lesquelles on devient médecin, instituteur ou avocat ; d'ailleurs, comme nous l'avons dit tout à l'heure, l'homme doit dominer le travail. Qu'est-ce que cela veut dire, Jules ?

JULES. — Monsieur, je ne saurais répondre.

LE MAITRE. — Cela veut dire que l'homme ne doit pas obéir à la routine. S'il se laissait entraîner à la pratique quotidienne du même travail dans les mêmes conditions, il agirait sans réfléchir, l'habitude le dominerait et machinalement le travail le dirigerait, tandis que l'homme doit sans cesse chercher à améliorer sa façon de travailler au point de vue de son utilité et de l'accomplissement de ses devoirs. Or, pour améliorer ses méthodes et diriger son travail manuel, il faut qu'il ait cultivé son intelligence, par conséquent qu'il ait suivi l'école.

Comprenez-vous maintenant pourquoi vous devez vous instruire et comment, en le faisant, vous remplissez un de vos devoirs envers vous-mêmes ?

Et ce n'est pas la seule raison que j'aie à faire valoir à vos yeux.

L'école est un peu l'image de la vie. Vous trouvez sur les bancs de l'école des concurrents et des rivaux, comme vous en trouverez plus tard dans la société : de cette rivalité, qui engendre ici de paisibles luttes, naît l'émulation, c'est-à-dire le désir d'imiter ceux qui font mieux que nous. Puis ces études en commun permettent de vous apprécier les uns les autres et contribuent à former votre caractère.

Jules, qu'est-ce qu'on entend par le caractère ?

JULES. — Monsieur, j'ai souvent entendu dire qu'un enfant avait bon ou mauvais caractère ; mais, tout en sentant ce qu'on peut comprendre par là, je ne pourrais le définir.

LE MAITRE. — Je ne m'en étonne pas. Essayons donc de définir ensemble ce qu'on entend par le caractère. On peut dire que le caractère est la tournure d'esprit spéciale à chaque individu.

Le caractère est l'ensemble des qualités et des défauts dont la manifestation constitue la personnalité, c'est-à-dire nous distingue les uns des autres.

Le caractère est la manière d'être qui résulte des coutumes, des défauts, des qualités propres à chaque homme.

En un mot, le caractère, c'est l'homme même.

En formant votre caractère, l'école prépare donc en vous l'homme, et justement, comme le premier de vos devoirs envers vous-mêmes est d'arriver à être des hommes, mais des hommes dans toute l'acception du mot, vous devez fréquenter l'école et vous y montrer dociles, soumis et laborieux.

Enfin à l'école, mes enfants, on ne vous donne pas seulement l'instruction, on se préoccupe surtout de votre éducation : les deux forment un ensemble harmonieux et complet.

Par l'instruction, votre esprit acquiert le savoir que donne l'étude.

Par l'éducation, vous formez votre cœur.

Une bonne éducation rehausse une bonne instruction : on peut dire que la première est à la seconde ce que le parfum est à la fleur, l'esprit à la matière, le beau au bien.

Un homme bien élevé et instruit serait un homme parfait ; notre idéal étant de tendre à la perfection et l'école nous traçant la voie pour arriver au mieux, nous devons aimer à la fréquenter.

J'ai trop insisté sur ce point peut-être ; car vous sentez, j'en suis convaincu, l'importance de l'instruction. Je m'arrête donc. Laissez-moi toutefois ajouter ceci à ce que j'ai dit au sujet de nos devoirs envers nous-mêmes : nous devons être assez prudents pour ne pas nous créer des chagrins et des douleurs que nous pouvons nous épargner ; nous devons être tempérants, mesurés, courageux, afin de rendre notre volonté indépendante des passions et de la mauvaise fortune. Gabriel, résumez la leçon d'aujourd'hui.

GABRIEL. — Nous avons des devoirs à remplir envers nous-mêmes. Nous devons soigner notre corps et cultiver notre esprit, afin que notre bonne santé et notre instruction nous permettent de remplir nos autres devoirs.

LE MAITRE. — Mes enfants, je ne vous demande pas, pour cette fois, de me raconter ou de m'écrire quelque chose à ce sujet. Je désire seulement qu'à l'avenir vous preniez soin de votre santé, que vous travailliez bien et que vous soyez appliqués ; me le promettez-vous ?

TOUS. — Oui !

QUESTIONNAIRE. — Que personnifie en définitive le pauvre homme qui se plaint ? (La résignation raisonnée). — De quelle nature sont nos devoirs envers nous-mêmes ? — Dire un mot du suicide, non parce qu'à l'âge des élèves de nos écoles on ait à combattre de semblables idées, mais parce que nous les instruisons en vue de l'avenir. — Qu'est-ce que la sobriété ? — Qu'est-ce que la tempérance ? — Y a-t-il une différence entre la sobriété et la tempérance ? Donner des exemples comme application. — Qu'est-ce que la dignité ? En quoi consiste-t-elle ? etc., etc.

Insister sur la nécessité de s'instruire. — Qu'est-ce que le travail de l'esprit ? — Qu'est-ce que le travail de la main ? — Multiplier les exemples, faire bien comprendre la différence. Indiquer que l'un et l'autre sont indispensables, que le travail de la main est honorable et que l'ouvrier a droit à l'estime et à la considération de ses concitoyens.

Qu'est-ce que l'instruction ? — Qu'est-ce que l'éducation ? différence entre l'une et l'autre, etc., etc.

4. — Devoirs de l'homme envers ses semblables.

LE MAITRE. — Nous avons dit que nous avons des devoirs à remplir envers nous-mêmes; mais nous ne sommes pas seuls sur la terre: nous sommes entourés d'autres hommes et d'autres enfants, avec lesquels nous vivons et dont nous avons besoin à chaque instant, comme ils ont besoin de nous; nos intérêts sont semblables et les maux qui nous menacent sont les mêmes; de là les liens divers qui nous attachent les uns aux autres et qui font que nous vivons en société; car, seuls, nous ne pourrions repousser les dangers qui nous environnent; seuls, nous ne pourrions satisfaire tous nos besoins. L'homme à l'état d'isolement serait l'homme à l'état sauvage, plus misérable que le dernier des animaux, occupé uniquement de ses besoins physiques et ne pouvant trouver le temps de s'améliorer et de progresser au point de vue moral. Telle ne doit pas être sa destinée. C'est pour cela que vous voyez des groupes d'hommes se rassembler pour former des familles, des villes, des États. C'est ainsi que nous sommes tous citoyens de la France.

Ne pensez-vous pas qu'à cause même des divers liens qui nous unissent, nous sommes soumis à diverses obligations les uns envers les autres?

JACQUES. — Oui, monsieur.

LE MAITRE. — Il y a à ce sujet une maxime que vous connaissez tous : « Ne faites pas aux autres ce que vous ne voudriez pas qu'on vous fît, et agissez au contraire envers autrui comme vous voudriez qu'on agît avec vous. »

Pierre, comment voudriez-vous qu'on agît avec vous?

PIERRE. — Je voudrais qu'on me secourût, si j'étais dans la peine.

LE MAITRE. — C'est bien; mais vous désireriez aussi que dans toutes les autres occasions on se montrât juste envers vous.

Qu'est-ce que la justice, Eugène?

Eugène. — La justice est une vertu qui consiste à ne pas nuire à nos semblables.

Le maitre. — Et la charité ou la fraternité ?

Eugène. — C'est une vertu qui consiste à secourir nos semblables et à faire tout ce que nous pouvons pour les rendre heureux.

Le maitre. — Il s'ensuit que nous avons le devoir d'être justes et charitables pour les autres; or vous voyez que, pour accomplir ce dernier devoir, nous avons besoin de notre santé; nous avons donc eu raison de dire dernièrement que les soins donnés à notre corps nous permettent d'accomplir nos autres devoirs.

Nos devoirs envers nos semblables doivent surtout, comme nous l'avons dit, être observés au sein de la famille, où tous les liens généraux qui unissent les hommes entre eux se resserrent avec plus d'intimité. C'est ainsi que nous devons à nos parents la reconnaissance, c'est-à-dire l'amour, le respect et l'obéissance. D'un autre côté, nos parents doivent nous élever, nous instruire et nous donner de bons exemples et de bons conseils.

Jean, dites-moi, n'y a-t-il pas des liens plus généraux que ceux de la famille ? Nous en avons parlé tout à l'heure.

Jean. — Il y a les liens sociaux, qui unissent tous les citoyens d'un même pays.

Le maitre. — Ces liens s'établissent entre les hommes qui ont la même origine, les mêmes

lois, les mêmes mœurs et les mêmes besoins.
Le désir de vivre en société, a dit Montes-
quieu, est une quatrième loi naturelle. L'Être
suprême n'a pas donné des forces à notre corps,
des facultés à notre esprit, des sentiments à
notre âme, des vertus à notre cœur pour les
laisser s'étioler dans la solitude; aussi est-ce
par aberration que certains hommes, renon-
çant au monde, se sont enfuis dans un désert,
pour y vivre seuls avec la nature. La société
a, quoi qu'on fasse, beaucoup d'empire sur le
bonheur. Sitôt que les hommes sont réunis, ils
perdent le sentiment de leur faiblesse. Ils
échangent entre eux de bons offices et se prêtent
mutuellement secours. C'est ainsi qu'est née la
solidarité humaine et c'est de la solidarité humaine que sont venues l'équité et la véritable
égalité.

Avec les liens sociaux, des réunions de
bienfaisance s'organisent; les riches viennent
en aide aux pauvres; des associations se forment où chacun a sa place, parce que chacun
apporte son contingent : les uns, leur fortune;
les autres, leurs capacités; d'autres, leurs forces; d'autres, leur courage.

Dans ces relations constantes de l'homme
avec ses semblables, il peut se faire, car nous
ne sommes pas parfaits, que nous éprouvions
des froissements d'amour-propre ou des froissements d'intérêts. C'est alors que l'idée de
justice doit dominer en nous.

De ce qu'on n'a pas respecté le droit à

notre égard, ce n'est point une raison pour
que nous nous rendions coupables de la même
faute : le bien, l'honneur, la réputation d'autrui
doivent nous être sacrés. Non seulement nous
les respecterons, mais nous les défendrons,
sans autre mobile et sans autre considération
que le désir de nous montrer justes.

JULES. — Je lisais l'autre jour dans un livre
de ma sœur un chapitre intitulé : *Trait de
probité*. Le récit concernait un enfant qui
avait trouvé un objet et s'était empressé de le
remettre à la personne qui l'avait perdu. Est-
ce que n'était pas là simplement un acte de
justice ? Pourquoi disait-on acte de probité ?

LE MAITRE. — Ces deux mots sont pris souvent dans la même acception, quoiqu'il y ait
entre eux une nuance assez sensible.

La justice, comme nous l'avons déjà dit,
est la vertu qui nous fait rendre à chacun ce
qui lui lui appartient. Quand on est probe, on
est juste. Toutefois la probité s'applique plus
spécialement à l'accomplissement des devoirs
de la vie civile : c'est la fidélité aux lois, aux
mœurs et à la conscience. Elle est à la justice
ce que la délicatesse est à la probité.

Être probes et être justes fera naître en nous
une troisième vertu, qui constitue la meilleure
application des deux premières : c'est la délicatesse.

Georges, savez-vous en quoi consiste la
délicatesse ?

GEORGES. — Non, monsieur.

LE MAITRE. — On peut dire que la délicatesse est le charme de toutes les autres vertus. C'est la manière ingénieuse de rendre un service, c'est la façon gracieuse de donner. Avec la délicatesse, on sait adoucir un refus et doubler une aumône. La délicatesse est autant un sentiment qu'une vertu. Ce sentiment, qui vient surtout du cœur, nous rend vraiment bons et nous dispose à pratiquer les lois de la fraternité et de la charité, que l'on comprend mieux.

La fraternité, Julien, consiste-t-elle seulement, ainsi que nous l'avons dit plus haut, à secourir nos semblables?

JULIEN. — Je ne saurais trop dire.

LE MAITRE. — Ce ne serait pas suffisant. Il faut nous montrer bienveillants pour nos semblables, c'est-à-dire leur vouloir du bien et nous réjouir du bonheur qui leur arrive. Nous devons de plus avoir à leur égard la science de l'indulgence, nous montrer tolérants et savoir pardonner. La clémence est la bonté à son suprême degré.

Ces qualités doivent, mes enfants, vous être toutes naturelles, car vous ne connaissez de la vie que ses charmes. Le malheur, ne vous ayant pas encore atteints, n'a pu endurcir votre cœur. C'est pourquoi l'on a dit que l'âme de l'enfant est disposée pour le bien; elle est formée de ce qu'il y a de meilleur dans la nature humaine.

PIERRE. — Monsieur. papa disait hier que

le Président de la république a accordé des médailles pour actes de dévouement à huit personnes de notre département. Qu'avaient-elles donc fait?

LE MAITRE. — Les actes de chacune me sont inconnus; mais vous avez dit vous-même qu'elles avaient été récompensées pour leur dévouement. Ceci peut momentanément vous suffire. Nous n'avons qu'à savoir ce que c'est que le dévouement.

Louis, dites-nous ce qu'on entend par dévouement.

LOUIS. — Monsieur, c'est l'action de se dévouer.

LE MAITRE. — Sans doute; mais cette définition est insuffisante. Le dévouement est cette force intime qui pousse au sacrifice, cette puissance de sentiment qui fait qu'on s'oublie pour les autres. Ne croyez pas que cette vertu soit inaccessible à l'enfance, qu'elle ne puisse et ne doive s'appliquer que dans les circonstances exceptionnelles de la vie.

Votre imagination vous représente peut-être un champ de bataille jonché de soldats qui se sont dévoués pour la patrie; un incendie dans lequel un pompier meurt en cherchant à sauver des flammes un enfant ou un vieillard; une inondation dans laquelle un courageux citoyen affronte les plus grands dangers pour arracher aux flots irrités ses victimes. Tout cela est bien du dévouement; cependant ce n'en est qu'une des formes, forme sublime sans doute ; mais n'allez pas penser qu'il faille toujours braver la mort dans le sacrifice pour se montrer dévoué. Le dévouement se manifeste sous d'autres aspects, aspects aussi divers, aussi multiples que les circonstances au milieu desquelles repose la vie, même quand il s'agit d'une vie aussi calme que la vôtre. Regardez autour de vous, et vous verrez partout le dévouement en action.

Votre père, qui chaque jour courbe son front sur un travail pénible, n'est-il pas l'image du dévouement constant ? Votre mère, qui sait si bien donner une caresse au milieu des préoccupations sérieuses que lui apportent les soins de la jeune famille, ne se sacrifie-t-elle pas sans cesse pour vous ? C'est un dévouement qui n'a pas les retentissements de ces sacrifices où l'on peut risquer sa vie ; mais il est de tous les instants et de toutes les heures. Il ne finit qu'à la tombe. Il est sublime aussi !

Vous pouvez également, mes enfants, pratiquer le dévouement. Vous en trouvez l'occasion chez vous, à l'école, dans la société. Vous n'avez pour cela qu'à vous montrer reconnaissants envers vos parents, affectueux avec vos condisciples, prévenants à l'égard des personnes plus âgées. Si vous avez à faire de petits sacrifices, ce sera un mérite de plus ; ces sacrifices, d'ailleurs, constituent le plus souvent le charme des relations quotidiennes de la vie. Et rappelez-vous qu'en agissant ainsi vous remplissez simplement vos devoirs sociaux.

Je n'ai plus que quelques mots à dire sur le point que nous traitons.

Il y a dans la société, malgré l'égalité morale, des maîtres et des serviteurs. Dans la vie civile, nous sommes tous des citoyens; dans la vie privée, nous retrouvons les places que la destinée nous a faites.

Le serviteur doit être probe, laborieux, fidèle et dévoué. Le maître doit surtout se montrer juste et bon. Les sentiments de délicatesse trouveront chaque jour à s'exercer dans les rapports de serviteur à maître. La tâche la plus rude et la plus pénible incombe au premier; mais il ne peut pas oublier que, s'il est la main qui exécute, le maître est la tête qui pense et conçoit.

D'un autre côté, le maître qui ferait sentir sans ménagement à un domestique sa position d'étroite dépendance userait de procédés blâmables.

Ceux d'entre vous qui seraient portés à agir ainsi oublieraient que derrière le serviteur se trouve l'homme; ils manqueraient de générosité, qui est un des côtés par lesquels se manifeste la vraie fraternité.

Nous venons de parler de la société et de nos devoirs sociaux. Est-ce que les hommes qui constituent une société gouvernée par les mêmes institutions ne sont pas compris sous une dénomination spéciale? Jean, la connaissez-vous?

JEAN. — On dit qu'ils forment une nation.

LE MAITRE. — Et comment s'appelle le pays où ils vivent?

JACQUES. — La patrie.

LE MAITRE. — Pierre, aimez-vous votre patrie? Savez-vous pourquoi vous devez l'aimer?

Un village d'autrefois.

PIERRE. — Je sais que je l'aime, mais j'ignore pourquoi.

LE MAITRE. — Mes enfants, nous aimons notre patrie, parce que c'est sur son sol,

sanctifié par le travail de tous nos ancêtres,
que nous sommes venus au monde. C'est
la terre française qui nous nourrit et qui a
nourri tous nos aïeux. Nous aimons aussi
notre patrie, parce que, depuis qu'elle existe,
nos pères ont versé leur sang pour défendre

Un village d'aujourd'hui.

son intégrité ; nous l'aimons, parce qu'elle
est couverte de monuments qui ont été construits par nos devanciers, parce que, si nous
creusions le sol, nous y trouverions les osse-

ments de nos arrière-grands-pères; nous
l'aimons pour les traditions qui ont passé de
bouche en bouche jusqu'à nous, pour les
légendes de gloire ou de malheur qui ont
entouré notre berceau, pour les efforts lents
mais invincibles qu'ont faits nos pères pour
conquérir leur liberté, nous créer un sort plus
indépendant (qu'il y a loin, par exemple, d'un
village d'autrefois à un village d'aujourd'hui !)
et arriver à former de l'État une seule famille
dirigée par les esprits les plus élevés et les
plus éclairés, choisis par tous les membres de
la grande famille française. Voilà pourquoi
nous aimons notre patrie. Sentez-vous bien
cela, mes enfants?

Tous. — Oui, monsieur.

Le maitre. — Cela est très important; car
plus tard vous aussi pouvez être appelés
à gouverner notre grande patrie. Tous certainement vous deviendrez des électeurs, et ceux
d'entre vous qui mériteront de l'être, des élus;
votre opinion comptera donc dans les luttes
électorales et parlementaires. Si vous aimez
votre patrie, si vous êtes comme beaucoup de
nobles cœurs alsaciens qui ont quitté le sol
natal plutôt que de changer leur drapeau et
leur titre de citoyen pour celui de sujet, je suis
tranquille; vous vous acquitterez de vos devoirs envers la patrie. Mais je vois à vos phy-
sionomies que vous serez de bons Français.

Tous. — Oui, oui, cher maître.

Le maitre. — Nous parlerons dans notre

prochaine leçon des devoirs de l'homme envers l'État ; mais, puisque, au cours de notre
causerie, il nous est naturellement arrivé de
parler des Alsaciens-Lorrains, ces frères qui
nous ont été enlevés, ces frères qui ont perdu
leur patrie, voulez-vous me faire par écrit vos

petites réflexions sur l'exil? C'est un sujet
bien triste ; mais il me fera apprécier comment
vous savez aimer votre patrie, dont je tiens
à vous inculquer l'amour et le culte; je ne doute
pas d'ailleurs que vous ne trouviez dans vos
jeunes cœurs les accents de regrets que doit
faire naître ce malheur immense qu'on appelle
l'exil.

Pour nous résumer aujourd'hui, nous dirons
que notre premier devoir envers la patrie est
de l'aimer, et que nos devoirs envers nos

semblables sont de deux sortes, devoirs de justice et devoirs de charité.

Vous réfléchirez à cette maxime :

Ne fais pas à autrui ce que tu ne veux pas qu'il te fasse et fais, au contraire, comme tu voudrais qu'il te fût fait. Afin de mieux vous la graver dans l'esprit, nous allons terminer la leçon par la lecture de la fable suivante :

NICOLAS ET PIERROT

De l'air que doit avoir sur une grande route
Un milord lourd d'écus et qui de rien ne doute,
Nicolas l'imposant, sur son âne monté,
Voyageait gravement un beau matin d'été.

Tous les oiseaux sifflaient nichés au sein des brancl
Non loin de là Pierrot, les deux poings sur les hanc.
Cheminait tout gaillard auprès de son ânon :
— Voisin, cria Pierrot, je vais à Voisenon.

Si vous allez par là, nous ferons route ensemble.
— Monsieur, dit Nicolas, vous êtes, ce me semble,
Un peu trop familier ; mais je ne suis pas fier,
Et nous irons tous deux.
                — C'est-à-dire, mon cher,
Que vous prenez des airs de seigneur au village,
Lui répondit Pierrot ; mais vous n'êtes pas sage :
Souvent l'on a besoin d'un moins riche que soi.
Quand on sert son prochain, je vous le dis, ma foi,
Cela ne nuit jamais ; un coup de main à Pierre,
Un service à Joseph, cela ne gêne guère,
Et peut servir plus tard, serait-ce après la mort.
— Si vous croyez cela, Pierre, vous avez tort : [manche
« Dieu pour tous et chacun pour soi. » L'autre di-
Le curé l'a dit. Quand vous aurez tête blanche,
Vous pourrez me donner des conseils ; d'ici là
Laissez faire les gens.
            — Eh bien, laissons cela,
Lui répliqua Pierrot. — Et tous deux devisèrent.
A quelque temps de là nos hommes rencontrèrent ,
Un vieillard qui pestait sur son char embourbé.
Un de ses lourds chevaux pesant (1) était tombé.
L'homme suait, soufflait, ne faisait pas grand'chose
En somme. Nicolas dit après une pause :
— Partons : on ne peut pas ainsi perdre son temps
A regarder ce char. Si c'était au printemps, [homme
Je comprendrais qu'on pût s'embourber ; mais cet
A cherché sûrement l'ornière, ou c'est tout comme.
— Non pas, il faut l'aider, lui dit le bon Pierrot.
— Descendre de mon âne, oh ! ce serait trop sot,
Repartit Nicolas ; faites à votre guise ;
C'est ainsi, mon ami, qu'on se ridiculise. —
Cela dit, il piqua sa bourrique et partit.
Mais, quand le char roula, Pierre le rejoignit,
Et, sans dire un seul mot, ils gagnèrent la ville.
Or, peu de jours après, Nicolas, sans asile

(1) Pesant employé pour pesamment.

(Sa ferme avait brûlé, ses biens étaient fondus ;
Quant à ses champs si beaux, il n'en possédait plus ;
Vint frapper au logis de l'homme à la charrette.
— « Je n'ai, dit celui-ci, rien qu'une maisonnette ;

« Mais entrez ; c'est à vous. Quand j'étais embourbé
« (Un de mes deux chevaux, hélas ! a succombé),
« Vous avez refusé de m'aider avec Pierre.
« Je ne me souviens plus. Nous sommes sur la terre
« Pour nous entr'aider tous. Vous êtes trop puni
« Par vos malheurs. Entrez : un Dieu nous a béni,
« Parce que nous avons soulagé la misère. »
— Nicolas entra dans la maison étrangère
Et promit en pleurant de se montrer meilleur.
Quant à Pierrot, toujours conseiller, travailleur,
Il s'enrichit et fut fort aimé dans sa vie.
Un jour quelqu'un lui dit : Oh ! j'aurais bien envie
D'apprendre un peu comme vous vous faites aimer.
— Ce n'est pas difficile, on ne peut me blâmer :
J'ai retourné l'adage et je me dis, ma foi !
« Chacun pour tous et Dieu pour soi. »

ATH. GARSAULT.

QUESTIONNAIRE. — Pourquoi avons-nous des devoirs à remplir envers nos semblables ? — Quels sont ces devoirs ? — Qu'est-ce que les liens sociaux ? — La société procure-t-elle des bienfaits ? Indiquer les principaux. — Qu'est-ce que la solidarité ? ... la probité ? — Y a-t-il une différence entre la probité et la justice? — Qu'est-ce que la délicatesse?... la bienveillance?... l'indulgence?... la tolérance?... la clémence? — Qu'est-ce que le dévouement? Ne peut-il pas s'exercer dans toutes les circonstances de la vie? Citer des exemples. — Qu'est-ce qu'une nation? — Qu'est-ce que la patrie? — Devons-nous aimer la patrie? — Pourquoi? — Que veut dire cette expression : sol sanctifié par le travail des ancêtres? — Que doit-on entendre par ces mots : nous aimons notre patrie pour les traditions qui ont passé de bouche en bouche?... pour les légendes de gloire qui ont entouré notre berceau?... pour les efforts lents mais invincibles qu'ont faits nos pères pour conquérir leur liberté?... nous créer un sort plus indépendant? etc., etc., etc.

Pour faire bien comprendre aux enfants l'application de la leçon, il importe de leur demander le compte rendu de récits dans lesquels les sentiments de bienveillance, de probité, de justice, de tolérance, de clémence et de délicatesse seront mis en action.

5. — Devoirs envers l'État.

LE MAITRE. — Mes enfants, voulez-vous me dire de quoi nous nous sommes entretenus la dernière fois?

LES ENFANTS. — Des devoirs envers nos semblables et envers la patrie.

LE MAITRE. — Résumez nos devoirs envers nos semblables.

LES ENFANTS. — Nous devons les aimer, les secourir, contribuer de mille façons à leur bonheur et surtout être justes à leur égard.

LE MAITRE. — Quels sont nos devoirs envers la patrie?

LES ENFANTS. — Nous devons l'aimer et au besoin nous sacrifier pour elle.

LE MAITRE. — Nous allons aujourd'hui parler de nos devoirs envers l'État ; mais, auparavant, lisez-moi, ainsi que c'était convenu, vos réflexions personnelles sur l'exil.

Les élèves lisent ce qu'ils ont composé ; puis le maître lit lui-même ce qui suit :

PÈRE JEAN, L'EXILÉ

PÈRE JEAN

Enfants, je suis bien vieux ; car sur mes cheveux blancs
Ont neigé les hivers près de bientôt cent ans ;
Mais je verrais passer encore autant d'années
Avant que d'oublier les funestes journées
Où jeune je goûtai le pain noir de l'exil.
Le bonheur ici-bas ne tient que par un fil ;
Un proverbe l'a dit ; enfants, il faut le croire.

LES ENFANTS

Père Jean, voulez-vous, contez-nous cette histoire.

PÈRE JEAN

Je la dis tous les jours, mes chers petits enfants
J'aimerais mieux penser à ces jours triomphants
Où nos drapeaux français faisaient trembler le monde.
Pourtant parlons d'exil. — Et chaque tête blonde
Pensive s'approcha du vieillard qui contait. —
J'ai marqué jour par jour, mes chers petits. C'était
Le jeudi vingt juillet de l'an mil huit cent treize.
Je savais bien déjà ce que le malheur pèse,
Quand sur mon toit soudain plus fort il s'abattit.
Un soldat vint chez moi, m'appela, puis me dit :
— « Proscrit ! fuyez au loin ! Quittez votre patrie !
« Allons, voyons, partez, pas de sensiblerie, »
Ajouta-t-il brutal, voyant que je pleurais. —
Et je dus tout quitter : je n'étais plus Français.

Et pourtant je l'aimais notre pays de France,
Malgré mes jours passés remplis par la souffrance,
J'aimais encor l'État qui sur de faux rapports
Me chassait. Oh ! j'aurais préféré mille morts
Je partis, bien souvent regardant en arrière
Pour voir mon clocher gris et le vieux cimetière
Où dormaient pour toujours mes chers ensevelis.
Ils restaient, eux du moins. Ah ! sous le vert taillis
De plantes et de fleurs gaîment entrelacées
J'aurais voulu cacher mes plaintives pensées,
Et pleurer en silence une dernière fois.
Mais il fallait marcher et près de la grand'croix,
Au détour du chemin, la maison paternelle,
Les champs verts, le hameau, les tombes, la chapelle,
Tout disparut pour moi : j'étais Jean l'exilé !
Adieu, mon sol de France, adieu, mon champ de blé :

Au penchant des coteaux mes vignes étagées,
Mes collines le soir dans le couchant plongées,
Et tous ceux que j'aimais et tout ce qui fut moi.
Adieu, mon beau drapeau, mon pays et ma loi ;

Tu me chasses : je pars ; mais, si jamais la guerre
Changeait ton sol fertile en un drap mortuaire,
Pour toi je veux mourir ; je suis le plus zélé
De tes fils, souviens-toi de moi, Jean l'exilé.
C'est ce que je disais, et depuis cette époque
Je l'ai dit bien souvent. — La France que j'invoque
Eut pitié de ma peine, et je revins au lieu
Où sont morts mes parents. Merci, merci, mon Dieu !

Ath. Garsault.

Mes enfants, vous voyez par ces vers combien l'exil coûte au patriote. Le Père Jean dit qu'il préférerait mille morts. Vous pouvez de plus remarquer combien de choses nous attachent à la patrie.

La patrie, pour Jean, c'est son champ de blé, son chaume, le cimetière où gisent les ossements de ses pères, ses vignes qui s'étagent, le son des cloches du village et les taillis où les volubilis s'enlacent aux églantiers des haies. En même temps, tout cela c'est lui aussi. C'est de tout cela qu'il s'est vu entouré depuis sa naissance. Il laisse un souvenir presque à chaque buisson. Il se retourne souvent en arrière jusqu'à ce qu'un détour du chemin lui cache tout ce qu'il aimait. Vous pensez peut-être que l'amour de la patrie va s'éteindre en lui, quand il réfléchira à l'injustice qu'on lui a faite en le contraignant à quitter tout ce qu'il a aimé jusqu'alors. Il n'en est rien : si jamais tu as besoin de ma vie, dit-il, je la donnerai pour toi. Je suis le plus zélé de tes enfants.

Voyez, mes petits amis, combien est fort

l'amour de la patrie, et concluez que ce n'est pas étonnant, quand on songe que c'est dans la patrie que se trouve tout ce que nous aimons et que c'est ce tout là même qui forme la patrie. Je me suis répété en insistant, mais c'est à dessein : je voudrais tant faire de vous des patriotes !

Parlons maintenant de nos devoirs envers l'État. Nous avons dit qu'on donne le nom de nation aux habitants d'un même pays gouvernés par les mêmes institutions. Est-ce que l'État est différent de la nation, Pierre ?

PIERRE. — Je crois que c'est la même chose, sans néanmoins pouvoir rien assurer.

LE MAITRE. — N'assurez rien en effet, mon enfant. L'État, c'est le pouvoir sous lequel est organisée toute nation, pouvoir chargé de la conduire à son but et à ses fins.

Nous avons à remplir envers l'État des devoirs qui peuvent se résumer en trois principaux :

1° Respecter le premier magistrat de l'État et obéir aux autorités sociales ;

2° Ne rien faire qui puisse ébranler la sûreté de l'État ;

3° Ne pas nuire aux intérêts pécuniaires de l'État.

Comment, Pierre, expliquez-vous le premier de ces devoirs ?

PIERRE. — Nous devons respecter tous nos supérieurs.

LE MAITRE. — Assurément ; mais nous devons surtout respecter en France le Président de la république, parce qu'il personnifie l'État tout entier et qu'il est l'emblème de l'autorité. Nous devons obéir aux dépositaires de l'autorité, parce qu'ils nous défendent nous-mêmes et que tous leurs actes sont dictés par l'intérêt général.

Louis, savez-vous ce qui guide les magistrats français? Mais d'abord, savez-vous ce que c'est qu'un magistrat?

LES ENFANTS. — Les magistrats ou juges sont des fonctionnaires chargés de rendre la justice, c'est-à-dire de juger les différends entre les citoyens. Il y a un juge de paix au chef-lieu de canton et d'autres juges au chef-lieu d'arrondissement.

LE MAITRE. — Oui, mes enfants. Et ces tribunaux ne sont pas les seuls qui existent. On trouve dans un certain nombre de villes un tribunal spécial qu'on nomme cour d'appel. Il y en a vingt-cinq en France.

Enfin, il y a à Paris un tribunal qui juge en dernier ressort; on l'appelle cour de cassation. Nous verrons pourquoi ces rouages, qui paraissent compliqués, ont été institués pour l'administration de la justice. J'en reviens à ma question : Qu'est-ce qui guide les magistrats français pour rendre la justice?

LOUIS. — C'est le code français, m'a dit mon père.

LE MAITRE. — Qu'est-ce que le code?

JACQUES. — Le code est l'ensemble de nos lois.

LE MAITRE. — Julien, qu'est-ce qu'une loi en général ?

JULIEN. — Monsieur, je ne puis répondre.

LE MAITRE. — Une loi est une règle à laquelle nous devons conformer nos actes.

La loi française est la règle émanant de l'État et à laquelle nous devons conformer nos actes en tant que citoyens français.

Savez-vous par qui est faite la loi et par qui sont établies ces règles auxquelles nous devons obéir ?

LES ÉLÈVES. — Non.

LE MAITRE. — Je vais vous étonner : dans les pays libres comme le nôtre, la loi est un peu l'œuvre de tout le monde.

Ainsi vos parents, tout en se livrant à leurs occupations, ont coopéré à l'établissement de nos lois. Voici comment. Vous avez entendu parler de la chambre des députés et du sénat. La chambre des députés et le sénat constituent dans l'État ce qu'on appelle le corps législatif, c'est-à-dire le pouvoir chargé de la discussion et de la confection des lois.

Or les membres du corps législatif n'exercent leur pouvoir que par délégation : ils tiennent ce pouvoir des électeurs, c'est-à-dire de tous les Français âgés de 21 ans. En outre, les électeurs ne se sont prononcés qu'après avoir connu la profession de foi du candidat, c'est-à-dire la déclaration par laquelle il faisait connaître quelles seraient les lois qu'il voterait, s'il était élu, et quelles seraient celles qu'il repousserait. En le nommant, les électeurs ont sanctionné sa déclaration et ont contribué à faire prévaloir les principes d'où découlent les lois. Le droit de pétition, que chacun peut exercer, est encore une façon de participer à l'œuvre législative des chambres. Je pouvais donc dire que la loi émane un peu de tout le monde. Voilà aussi pourquoi nous devons la respecter et lui obéir.

Une des attributions importantes de l'État, c'est d'assurer l'exécution des lois. Savez-vous comment on assure l'exécution des lois ? Non. Eh bien, on assure l'exécution d'une loi par un ensemble de peines et de châtiments appelés « sanction ». Les lois, Julien, sont-elles toujours appliquées justement ?

JULIEN. — Monsieur, je le crois.

LE MAITRE. — Vous avez raison de le croire. Toutefois les lois, étant d'invention humaine, peuvent donner lieu à des applications malheureuses : il y a un adage qui dit *errare humanum est,* c'est-à-dire il appartient à l'esprit de l'homme de se tromper. L'Être suprême, qui réalise le bien dans son infinie perfection, peut seul ne pas se tromper. C'est pourquoi les principes dont nous nous occupons ensemble et qui sont innés en nous doivent être considérés comme infaillibles, parce qu'ils forment la loi morale, qui dérive directement du bien idéal, c'est-à-dire de Dieu.

D'ailleurs les hommes, connaissant leur faiblesse et voulant, autant qu'il était en eux, assurer la bonne application des lois, ont établi différents degrés de juridiction pour prévenir les erreurs.

C'est ainsi qu'ils ont institué des tribunaux où peut avoir successivement recours celui qui se croit lésé dans ses intérêts, ses biens ou sa réputation. Si un plaignant pense que le juge a faussement interprété la loi, il a la faculté de s'adresser au tribunal d'appel et ensuite au tribunal de cassation. Dans l'examen auquel se livrent les juges composant les différentes cours de justice, on trouve des garanties pour le triomphe du droit et de l'équité. C'est pourquoi je pouvais dire plus haut que les rouages de la justice, qui paraissent compliqués, ont un avantage indiscutable, à savoir le principe d'examen appliqué aux cas litigieux, principe dont la saine application doit être désirée, dans un pays libre, chez un peuple ami des lois et de la justice.

Quel est, Louis, notre second devoir envers l'État?

Louis. — C'est de ne rien faire qui puisse ébranler sa sûreté.

Le maitre. — Comment nuit-on à la sûreté de l'État?

Louis. — Monsieur, il me serait difficile de répondre.

Le maitre. — C'est en complotant contre lui, en se mettant du côté de l'ennemi, en votant pour les opinions qui tendraient à re-

3.

mettre au caprice d'un seul homme tout ce qui constitue les intérêts de la patrie.

Vous n'êtes pas à même encore de nuire à votre pays ; mais, comme votre manière d'agir future dépend de votre première éducation, il est très important que, sur les bancs mêmes de l'école, vous soyez imbus des véritables idées patriotiques et que vous preniez, dès maintenant, la résolution d'agir plus tard comme de bons citoyens français, ce que vous ferez, je n'en doute pas, connaissant votre amour pour votre pays.

Quel est le troisième devoir, en quoi consiste-t-il, André ?

ANDRÉ. — Il consiste à ne pas nuire aux intérêts pécuniaires de l'État.

LE MAITRE. — C'est-à-dire, Jacques ?

JACQUES. — A payer exactement ce que nous devons à l'État.

LE MAITRE. — Et à veiller soigneusement, si nous sommes fonctionnaires, à ce qu'on ne détourne pas ses propriétés et ne dilapide pas ses revenus.

Mais, dites-moi, Adrien, nous devons donc quelque chose à l'État ?

ADRIEN. — Je le pense, monsieur, puisque mon père doit tous les ans payer à M. le percepteur ce qu'il appelle *ses impôts*.

LE MAITRE. — Maxime, qu'est-ce qu'un impôt ?

MAXIME. — Je ne sais pas au juste, monsieur.

LE MAITRE. — Un impôt est un tribut que nous devons à la société afin de mettre l'État en mesure de subvenir aux frais que nécessitent notre bien-être général, notre sûreté, notre instruction et l'accomplissement des devoirs de la société envers nous. C'est ainsi que l'argent prélevé sur nos biens sert à construire et à entretenir les routes, les postes, les télégraphes, à payer les fonctionnaires de la police et les fonctionnaires chargés de recouvrer les impôts, ceux qui nous instruisent, enfin à entretenir des armées de terre et de mer, à nous représenter à l'étranger et à célébrer nos grandes fêtes nationales.

LE MAITRE. — Jules, savez-vous qui établit l'impôt et qui fixe les sommes que devront payer le père d'André, celui de Joseph, celui de Jacques, etc. ?

JULES. — Monsieur, je crois que c'est le percepteur, puisque c'est à lui qu'on paye.

LE MAITRE. — Non, mon enfant. Laisser à un homme le soin de fixer la répartition de l'impôt, ce serait laisser cette répartition à l'arbitraire, ce qu'il faut éviter avec le plus grand soin.

La loi, comme nous l'avons vu plus haut, émanant, en somme, de l'universalité des citoyens, on peut dire que la fixation de l'impôt vient également de ceux qui le payent.

Voyons, Joseph, vous savez ce que c'est que le maire dans la commune ?

JOSEPH. — Oui, monsieur. C'est le conseiller

municipal élu par ses collègues pour administrer la commune et y représenter le pouvoir.

LE MAITRE. — Et le conseil municipal ?

JOSEPH. — C'est l'assemblée élue par tous les électeurs de la commune pour assister le maire dans la bonne gestion des intérêts communaux.

LE MAITRE. — C'est cela. Le maire, vous le comprenez, doit avoir plus d'une prérogative ; au nombre de ces prérogatives il a celle de désigner un certain nombre d'électeurs qui, sous le nom de répartiteurs, assistent un fonctionnaire appelé contrôleur pour dresser la liste, ou, comme on dit, le rôle des citoyens à imposer dans la commune. L'impôt se répartit porportionnellement à ce que chacun possède de terres et de maisons. Il y a d'autres bases encore, comme celles de l'importance d'un commerce, d'une industrie, d'une usine. Ces répartiteurs, qui connaissent la valeur des biens-fonds, peuvent se prononcer avec équité et justice sur la quotité dont doivent être imposés les redevables. D'ailleurs le citoyen qui trouve qu'on a trop élevé sa cote a le droit de réclamer.

Une partie des impôts est employée par la commune, une autre partie est affectée aux besoins du département, enfin la troisième est versée dans les caisses de l'État.

Il importe beaucoup, vous le sentez, que les impôts soient employés d'une façon efficace et profitable. Les peuples libres tiennent essentiellement à surveiller l'emploi qui est fait des deniers publics. C'est pourquoi, outre le corps législatif, qui vote chaque année l'énorme somme, le budget comme on l'appelle, qui comprend l'ensemble des impôts à payer par la nation, il y a encore le conseil général et le conseil d'arrondissement. Ces assemblées, dont les membres sont élus par le suffrage universel, ont, entre autres attributions, à déterminer la quotité de l'impôt à payer par le département, les communes, et à veiller au bon emploi des ressources affectées aux dépenses départementales. Comme les séances du conseil général sont publiques, comme il est donné un compte rendu écrit des délibérations de l'assemblée, chaque citoyen peut exercer un droit de contrôle et s'assurer si les mandataires remplissent leur mandat avec le zèle et la capacité désirables.

Le droit de voter est, par suite, un droit des plus précieux, et c'est pour chaque électeur un devoir envers l'État que de prendre part à toutes les élections, parce que dans toutes il y a en jeu, à des degrés divers, les intérêts du pays, pour lesquels on se montrerait indifférent, si l'on négligeait de voter.

Mais il ne suffit pas seulement de voter pour croire qu'on a accompli tous ses devoirs d'électeur, il faut encore et avant tout que le vote soit libre. Cela veut dire que l'électeur ne doit pas se laisser influencer par un ami ou un parent qui viendra habilement exposer sa manière de voir pour la faire partager. Un homme, un citoyen qui possède sa liberté d'action doit savoir en faire usage pour voter selon sa conviction intime. Qu'il n'abuse pas surtout de cette liberté pour subordonner les questions de principes aux questions de personnes. En laissant tomber son simple bulletin de vote, qui a tant d'importance, l'homme d'honneur ne doit avoir qu'un but, qu'un désir, qu'une pensée : servir l'intérêt du pays.

Le vote doit encore être éclairé, c'est-à-dire émis en connaissance de cause. L'électeur devra examiner attentivement le programme du candidat, mais son jugement devra se former surtout d'après le passé de celui qui sollicite son suffrage : les actes ont une portée bien plus grande que les paroles ; si brillantes que soient des promesses, elles ne vaudront jamais des faits accomplis, auxquels il est beaucoup plus sage de se fier.

Revenons aux impôts.

Il y a deux sortes d'impôts : les impôts directs, prélevés directement sur nos biens, et les impôts indirects, établis sur la consommation des denrées.

Le service de nos personnes est dû aussi à l'État. Tels sont le service militaire et le service de notre activité et de notre intelligence. Une de ces formes, le service militaire, semble sans doute un lourd impôt, l'impôt du sang, et vous allez peut-être vous demander à quoi bon ce service. Pourquoi ne pas abolir la guerre? Pourquoi les hommes ne s'aiment-ils pas selon les maximes qu'on vous a enseignées? Il semble que ces maximes sont en contradiction avec le service militaire, qui n'est institué que pour les violer.

Vous avez raison, mes chers enfants, tout à fait raison. Il est juste de penser que, si toutes les lois morales que nous vous apprenons étaient appliquées, il n'y aurait plus de guerre et partant plus de soldats. Malheureusement, poussés par l'ambition et par leurs autres passions, les hommes envient ce que d'autres possèdent, et l'emploi de la force est parfois le seul et dernier moyen de conserver ses droits. Alors les nations se mettent en guerre, et les hommes, qui devraient s'aimer et s'entr'aider à conserver leur existence, se tuent et détruisent

les villes, les villages, etc., pour maintenir l'intégrité du sol national ou servir une cause qu'ils croient juste. Je suis sûr qu'il n'est pas un de vous qui voudrait laisser attaquer, sans les défendre jusqu'au dernier soupir, nos institutions, notre sol et tout ce qui constitue la patrie.

Voilà pourquoi la guerre est nécessaire, faute d'un commun accord entre les peuples, accord qui ne s'établira jamais, parce que les patries diverses ont des intérêts divers et vivent sous des formes de gouvernement parfois opposées et contraires les unes aux autres. Nous aurons des guerres tant que nous aurons des passions et tant que les hommes n'auront pas une seule et même forme de gouvernement, la république, et une seule patrie, le monde.

Autrefois le service militaire, dû par tous, était un impôt payé par quelques-uns et que les autres rachetaient à prix d'or ; aujourd'hui qu'on a une forme de gouvernement plus parfaite, nous devons tous sans exception cet impôt du sang. Cette loi est équitable et juste ; elle est surtout républicaine. Prenant tous part au gouvernement, formant tous la patrie, nous devons tous la défendre.

Qui de vous voudrait fuir devant l'ennemi ?

Qui de vous voudrait trahir le drapeau français, l'emblème de la patrie, l'emblème de notre amour pour la France, l'emblème de nos grands principes français d'indépendance et de justice, sur lequel est inscrite cette devise, qui nous proclame des hommes et qui résume

toutes nos convictions et toutes nos aspirations :

LIBERTÉ,
ÉGALITÉ,
FRATERNITÉ.

Vous mourriez, n'est-ce pas, pour défendre
la France ?

Tous les enfants. — Oui ! Oui !

Le maitre. — Mais on peut être vaincu,
quoiqu'on défende une cause juste. C'est une
terrible épreuve dans laquelle une nation doit

puiser de profondes leçons et aussi de sérieux motifs de s'améliorer, de se réformer pour rétablir sa puissance et ressaisir son droit violé.

Nous n'avons pas toujours été malheureux ; car, depuis que la Gaule est devenue la France, depuis que notre pays a une histoire, nous pouvons dire que bien des pages glorieuses y ont été consignées. Nous avons eu des grands hommes dans tous les genres, hommes d'État, grands capitaines, savants, artistes, écrivains, orateurs. Tous ont honoré l'humanité. La France, par ses lois et ses institutions, par ses idées généreuses et son noble désintéressement, a plus fait pour le progrès et la liberté qu'aucune autre nation moderne. Son étoile a pâli, reconnaissons-le ; mais rappelons-nous aussi que notre pays est la patrie de Jeanne d'Arc et que la fibre patriotique y vibre puissante et profonde. Au reste, pour un peuple qu'une défaite a accablé, s'il sait réfléchir, l'épreuve ne doit être qu'un feu qui retrempe et purifie l'âme de la nation.

Voilà, mes amis, ce que j'avais à vous dire sur l'État et sur nos devoirs envers l'État. Vous me le résumerez pour la prochaine causerie. Vous chercherez pourquoi nous avons des devoirs envers l'État. Enfin, vous apprendrez les vers suivants, que le drapeau a inspirés à un poète : il importe que dans vos jeunes cœurs vibrent de bonne heure ces accents d'honneur et de patriotisme qui préparent dans l'enfant l'homme, le soldat et le citoyen.

LE DRAPEAU FRANÇAIS

> O drapeaux, vous en qui l'âme croit.
> VICTOR HUGO.

C'était quatre-vingt-neuf. Dans le ciel de l'histoire
Un nouveau météore apparut flamboyant.
Ses trois couleurs avaient de grands reflets de gloire
Et le monde ébloui du reflet effrayant
Demandait : « Quel est donc cet astre qui scintille,
Quelle est cette victoire et quelle est cette paix? »
La Liberté lui dit : « Cette flamme qui brille,
    Frère, c'est le drapeau français ! »
Et depuis, malgré tout, le drapeau tricolore
Est resté pour toujours l'emblème du pays.
Les rayons ondoyants du brillant météore
Sont passés fièrement sur le monde conquis.
Et nos soldats, suivant son flamboiement étrange,
Pour toi voulaient mourir, ô Révolution.
Mais ils furent vainqueurs tant que, libre phalange,
    La France fut la nation !
Ta couleur bleue est faite avec de l'Espérance ;
L'honneur immaculé qui guide nos soldats,
C'est ton blanc; et ta pourpre est le sang de la France
Prêt à couler toujours sur le champ des combats.
Tes plis républicains ont trois rayons de gloire
Qui composent trois mots peignant l'humanité :
C'est avec liberté, véritable victoire,
    Égalité, fraternité !   [fêtes;
Je t'aime, ô mon drapeau, dans nos deuils, dans nos
J'aime l'ombre que fait ta frange sur nos forts;
J'aime ton pavillon sous le vent des tempêtes
Et ton frémissement sur la tombe des morts.
Mais où tu parais grand, oh! c'est dans la bataille,
Quand l'esprit des mourants sur ton dernier lambeau
Veille encore, et qu'un vent de fer et de mitraille,
    Haillon français, te rend si beau !

O mon drapeau ! bientôt, au sein de notre armée
Vers l'Allemand vaincu tes plis nous conduiront !
Et dans le sang français, la poudre et la fumée,
Nos antiques lauriers partout reverdiront.
Tes lambeaux glorieux sur l'Alsace-Lorraine,
Noircis, troués, fendus, flotteront pour toujours,
Et pour nos fils naîtra la glorieuse chaîne
      Dont les anneaux sont les beaux jours.

                ATH. GARSAULT.

14 juillet 1880.

QUESTIONNAIRE. — Qu'est-ce que l'État ? — Quels sont nos devoirs envers l'État ? — Pourquoi devons-nous respecter le Président de la république ? — Qu'est-ce qu'un magistrat ? — Qu'est-ce qu'un tribunal ? — Qu'est-ce que la loi ? — Qu'est-ce qui fait les lois ? — Comment les citoyens coopèrent-ils à la confection des lois ? — Qu'est-ce que le maire ?... le conseil municipal ?... le conseil général ? — Qu'est-ce que l'impôt ? — Qu'est-ce qu'un répartiteur ? — Comment les citoyens coopèrent-ils à la répartition de l'impôt ? — Combien y a-t-il de sortes d'impôts ? — Qu'est-ce que le service militaire ? Pourquoi le devons-nous ? Pourquoi le service militaire doit-il être obligatoire ? — Quels sentiments doivent animer le soldat pour son drapeau ? Que représente le drapeau ? — Qu'est-ce que le droit de pétition ? — Quelles sont les raisons qui doivent nous porter à espérer que le pays se relèvera un jour ? — Citer les noms des grands hommes qui l'ont plus particulièrement honoré. — Les questions peuvent être bien multipliées ; ne pas craindre de le faire.

---

6. — La propriété.

LE MAITRE. — Que vous a-t-on donné en devoir pour cette fois, mes chers enfants ?

TOUS. — Nous devions résumer la dernière leçon, et chercher pourquoi nous avons des devoirs envers l'État.

ÉMILE. — Tous ces devoirs peuvent être ramenés à trois :

1° Respecter le premier magistrat et obéir aux autorités sociales.

2° Ne rien faire qui puisse ébranler la sûreté de l'État.

3° Ne pas nuire à ses intérêts pécuniaires.

LE MAITRE. — Pourquoi avons-nous des devoirs envers l'État.

PIERRE. — Je ne sais, monsieur ; mais je crois que ces devoirs viennent forcément de nos relations d'homme à homme et du groupe que nous formons sous le nom de nation.

LE MAITRE. — Mes enfants, nous sommes venus sur la terre pour atteindre un but, qui est de marcher vers le bien et de l'accomplir sous toutes ses formes. Nous sommes poussés à nous unir les uns aux autres, parce que nous poursuivons le même but; mais nous avons besoin d'être dirigés, parce que nous différons de sentiments et d'idées et que quelques-uns de nous oublient parfois le but pour lequel ils sont créés. C'est le pouvoir qui nous dirige qui constitue l'État. Vous sentez que nous devons obéir à ce pouvoir. Enfin, comme c'est l'État qui nous protège et qui gouverne les intérêts de cette patrie que nous aimons tant, il est juste que nous ayons des devoirs envers lui et que nous les remplissions.

Nous allons voir maintenant que, si nous avons des devoirs envers l'État, il en a aussi à notre égard ; car les uns naissent des autres et réciproquement.

L'État, qui se compose d'hommes choisis par nous et non parce qu'ils sont fils de ceux qui les ont précédés, doit respecter en nous deux droits principaux que nous possédons :

La liberté de conscience.

Le droit de propriété.

La liberté de conscience est le droit que nous avons de croire selon notre conscience en matière de religion.

Le droit de propriété est le droit que nous avons de posséder en propre ce que nous avons acquis par le travail, l'intelligence et l'hérédité.

Jean, expliquez-moi ce que c'est que la propriété et citez un exemple.

JEAN. — La propriété est la possession d'un bien.

LE MAITRE. — C'est vrai, mais comment pouvons-nous être amenés à posséder quelque chose? Un champ, par exemple ? Pourquoi la vigne que vous voyez d'ici appartient-elle plutôt au père de Pierre qu'au père de Jacques?

LÉON. — Je ne sais pas, mais je crois que c'est parce que le père de Pierre y travaille tous les jours.

LE MAITRE. — Il y a du vrai dans cette réponse ; car la propriété a une double origine: l'occupation et le travail. A ce sujet, laissez-moi vous conter la fable suivante.

MISS SOURIS

Dans le grenier d'un château féodal qui recélait une foule de choses curieuses, antiques et bizarres, une souris vivait sans souci. Toute la nuit et parfois aussi dans le jour, sans craindre les yeux brillants de son ennemi le chat, elle allait toute coquette et toute curieuse au milieu des vieux tableaux, des malles entr'ouvertes, des tapis pendants, des horloges vermoulues et des grimoires à demi rongés. Comme elle était heureuse, lorsqu'elle pouvait faire les honneurs

de ce mystérieux pays à quelque amie dont chaque pas était un étonnement! C'est un palais, lui disait-on,

que vous avez 'là ! Partout mille retraites en cas de
danger, et, en temps de sécurité, mille promenades
variées coupées de chemins contournés et de sentiers
merveilleux. Presque à chaque pas vous avez une
antiquité à examiner, un superbe dessin à admirer,
d'immenses tapis à flairer ! Vous êtes bien heureuse
et je vous envie bien votre sort de reine dans un si
splendide royaume !

Et vous n'avez pas tout vu, reprenait miss Souris,
venez admirer ce coin dérobé à tous les regards. Et
elle conduisait son hôte dans une salle à manger
qu'elle s'était ménagée sous une poutre sculptée
entre deux ardoises et trois vieilles amphores. Prenez
place sur ce divan de flocons de laine : c'est mon
salon. Voyez, j'ai rangé tout autour ces pièces d'ivoire :
ce sont les débris d'un jeu d'échecs ; cela orne à
merveille. Enfin, venez voir mon grenier et ma
chambre à coucher : vous connaîtrez toutes mes
propriétés.

Et c'était encore avec leur petite voix de fausset
des uîî... uîîî... uîî d'admiration à la vue des provisions de noix, de fromages, de noisettes, de raisins
secs, de lard pendu au plafond, et en face de ce lit
moelleux et de cette chambre coquette qui avaient
jadis composé l'ameublement d'une riche poupée.

Puis, après un baiser délicat sur le museau effilé
de sa compagne, miss Souris la reconduisait habilement, par un nouveau chemin encore plus remarquable, jusqu'à la gouttière la plus voisine.

Elle vivait ainsi heureuse et sans autre ambition,
jouissant de sa fortune, lorsqu'une de ses amies, qui
avait visité son château et le trouvait à son goût,
résolut de s'en emparer. Elle y pénétra, à l'heure où
tout dort, vers midi, s'assit sans gêne et, en attendant
que miss Souris se réveillât, se mit, pour tromper son
impatience, à ronger un riche missel historié. Puis,
sentant la faim venir, elle entama sans aucun scru-
pule les provisions de sa voisine. Bientôt elle s'endor-

mit, elle aussi; car les mauvaises actions fatiguent, au lieu que les bonnes réconfortent. Quand elle s'éveilla, elle vit auprès d'elle miss Souris. Celle-ci paraissait étonnée. Cependant elle souhaita la bienvenue à son amie et lui dit : c'est charmant à vous, mignonne voisine, d'avoir songé à mon château, puisque vous passiez par là; mais il est heureux que j'aie laissé baissé le pont-levis qui rejoint cette poutre à mon domaine, car sans cela vous n'eussiez pu y pénétrer, et j'en serais désolée, ma bien chère amie.

Que dites-vous là, repartit l'autre? Votre château! votre domaine! Pourquoi à vous plutôt qu'à moi? Je prétends que tout cela m'appartient et je trouve que vous en avez joui assez longtemps. Partez à l'instant. Tout ce que je puis pour vous, c'est de vous autoriser à occuper mon ancienne demeure, dont je pourrais à la rigueur me faire une maison de campagne.

Eh quoi! s'écria miss Souris outragée, vous prétendez que tous mes biens sont à vous? Heureusement, il est des juges à Muopolis et je pourrai prouver que toutes ces propriétés sont miennes.

D'abord, de père en fils depuis cent.ans, nous vivons dans ce palais; ces routes souterraines, ces chemins aériens, mes pères les ont construits, et ma vieille mère, en mourant, m'a bien recommandé, tout en faisant le bien, de ne jamais me défaire de ce domaine.

C'est mon travail et mon économie qui ont amassé soigneusement ces provisions dont vous avez abusé tout à l'heure; enfin c'est par mon intelligence que j'ai savamment aménagé tout ce que vous m'enviez. En quoi avez-vous contribué, s'il vous plaît, à acquérir toutes ces richesses dont vous voulez me dépouiller? Non, non! rien ici ne vous appartient :.seuls le travail et le séjour dans ce qu'on possède donnent droit de propriété.

Voici cent ans que nous y habitons, d'après nos archives, et vous avez sous les yeux les preuves de notre travail. Je vous pardonne; mais partez, ou je vous accuse et je vous fais condamner.

Un chat qui avait entendu cette conversation s'approcha doucement.

— Non, répondit l'autre, tout cela m'appartient, comme à vous et, dans tous les cas, je l'ai conquis en y pénétrant pendant votre sommeil. Vous n'aviez qu'à vous mieux garder. Faites vos préparatifs de départ; je vais pendant ce temps me promener dans mes nouvelles propriétés.

En disant ces mots, l'imprudente voulut sortir; mais elle, qui avait reproché à miss Souris de ne pas se garder, avait compté sans le chat, ce rusé, qui bondit

sur elle et la mangea : elle avait été punie de sa faute avant même de l'avoir consommée.

Miss Souris, pendant ce temps, instruite par l'exemple, avait relevé bien vite le pont-levis, et désormais elle ne pouvait plus être inquiétée.

Quant au chat, la souris dont il s'était nourri était si foncièrement mauvaise et si remplie de fiel qu'il ne put la digérer et mourut. Miss Souris était ainsi débarrassée d'une ennemie et d'un ennemi.

La morale de cette fable, mes enfants, est que nous

avons le droit de posséder ce que nous occupons depuis longtemps et ce que nous avons amélioré par notre travail. On peut également en conclure que la défiance est la mère de la sûreté, qu'on est puni par où l'on a péché et qu'en tout cas un méfait n'attend pas longtemps sa punition.

Comprenez-vous bien maintenant, mes enfants, en quoi consiste la propriété ?

LES ÉLÈVES. — Oui, monsieur.

LE MAITRE. — Ainsi, Alexandre, expliquez-moi pourquoi ce cahier est à vous.

ALEXANDRE. — Parce que c'est moi qui l'ai acheté et couvert d'écriture d'un bout à l'autre.

LE MAITRE. — C'est-à-dire, mon enfant, que vous avez donné pour le posséder une valeur équivalente au travail et à la matière que représente ce cahier. Il est donc bien à vous, et vous seriez blessé vivement, vous vous regarderiez comme outragé, si l'un de vos camarades prétendait que votre bien lui appartient.

En résumé, Lucien, qu'est-ce que le droit de propriété ?

LUCIEN. — C'est le droit de posséder en propre ce que nous avons acquis par le travail et par l'occupation.

LE MAITRE. — Vous vous persuaderez bien de cette idée et me raconterez la fable de miss Souris pour la prochaine fois.

L'État nous garantit le droit de propriété en veillant à l'application des lois qui la protègent; mais là ne s'arrêtent pas les devoirs de l'État à notre égard. Nous avons le droit de liberté individuelle, le droit de travail et d'association dont l'exercice doit être respecté et défendu par l'État.

Savez-vous, Louis, ce qu'on entend par liberté individuelle?

Louis. — C'est la liberté d'aller et de venir où l'on veut.

Le maitre. — La liberté peut s'exercer de cette façon; mais ce n'est pas là la liberté individuelle. Cette liberté est le droit qu'a chaque citoyen de n'être privé de la liberté de sa personne que dans les cas prévus et selon les formes déterminées par la loi. C'est le plus sacré et le plus respectable des droits. Qu'on nous l'enlève, toutes nos autres prérogatives ne sont plus rien. L'ancienne monarchie l'a foulé aux pieds; ce fut une des causes de sa chute. Nous usons de notre liberté individuelle en dirigeant notre vie selon les aspirations de notre volonté.

Est-ce à dire que, pour reconnaître nos droits vis-à-vis de nous-mêmes, nous ne devions jamais consulter personne? Sans doute, il y a toujours plus de mérite à savoir prendre un parti par soi-même; mais il y a plus de prudence à savoir écouter un bon conseil et à le suivre. Notre droit nous donne la liberté de nous en affranchir; mais, en le faisant, nous portons seuls la responsabilité de nos actes.

Vous savez tous ce que c'est que le travail,

auquel vous vous livrez chaque jour dans la mesure de vos forces; toutefois, je ne crois pas inutile de vous en donner une définition.

Le travail, c'est pour les uns le plus grand charme de la vie, qui, par lui, a un but; pour les autres, c'est l'occupation qui, par son produit, vient parer aux nécessités de l'existence. Pour tous, c'est une action constante qui rend meilleur. De plus, le travail est la vraie et unique source de la richesse.

L'État garantit la liberté du travail en laissant chacun libre de suivre la carrière qui lui convient. Il fait plus, il favorise et encourage le travail en fondant et en entretenant des institutions et des écoles où l'enfant apprend à discerner ses aptitudes, où le jeune homme peut les développer et l'homme les exercer. On estime aujourd'hui que plus l'ouvrier sera familiarisé avec les lois naturelles, mieux il connaîtra son travail quotidien, plus il aimera son métier. C'est pourquoi nos nouveaux programmes comprennent des travaux manuels.

Au moyen âge, le travail n'était point envisagé à ce point de vue. L'ouvrier ne devait pas dépasser les humbles horizons de sa profession; il était membre d'une corporation dont les règlements étaient sévères; l'apprentissage était long, le nombre de maîtres très limité. Il n'y avait donc pas de liberté. Aujourd'hui, on se préoccupe de la grande masse ouvrière; on veut élever le travailleur, le rendre supérieur à sa tâche, non pour l'en dégoûter ou l'en distraire, mais pour l'attacher plus profondément et plus intimement à elle. L'État remplit là tout son rôle ; en relevant l'atelier, il relève la patrie.

Le droit d'association découle du droit de travail. Voilà des ouvriers qui sont robustes, laborieux et capables. Au lieu de travailler isolément pour un patron, ils auraient le plus grand avantage à s'unir pour entreprendre des travaux dont ils tireraient grand profit ; le peuvent-ils ? Assurément, et l'État facilite ces associations par les lois qui les réglementent. Il a parfois même un rôle actif dans certaines associations.

Ce sont des sociétés qui ont construit nos chemins de fer ; ce sont des sociétés qui ont créé les grandes compagnies maritimes ; ce sont des associations qui, sous le nom de sociétés d'agriculture et de comices agricoles, encouragent plus spécialement les cultivateurs. L'État, par ses subventions à ces grandes sociétés et à ces grandes entreprises, est venu participer à l'association.

Il a eu grandement raison : il a concouru ainsi au développement des relations commerciales, qui contribuent à tous les autres progrès. Il n'est resté ni immobile, ni neutre, ni indifférent. Nous devons lui en témoigner notre reconnaissance.

QUESTIONNAIRE. — Quels sont les principaux droits que l'État doit sauvegarder à l'égard de chaque citoyen ? — Qu'est-ce que la liberté de conscience ? — Qu'est-ce que le droit de propriété ?

— Comment est-on amené à posséder quelque chose en propre?
— Quelles sont les origines de la propriété? — Quels sont les arguments qu'invoque la souris pour déposséder sa voisine? — Quelles sont les raisons que fait valoir miss Souris, la propriétaire, pour repousser les prétentions de l'usurpatrice? — Comment celle-ci est-elle punie? etc., etc.

La fable de miss Souris se prête à une foule d'autres questions que chaque maître saura bien faire et qu'il est important qu'il fasse.

Qu'est-ce que la liberté individuelle? — Comment est-elle garantie par l'État? — Comment usons-nous de la liberté individuelle? — Qu'est-ce que le travail? — Comment l'État garantit-il la liberté du travail? — Comment favorise-t-il le travail? — Quel est le but de l'État en établissant les écoles professionnelles et en inscrivant dans le programme des écoles primaires les travaux manuels? — Qu'est-ce que la liberté d'association? — Comment l'État participe-t-il à l'action des grandes sociétés?

Sans entrer dans le domaine de l'économie politique, le maître peut multiplier les questions sur tous ces points, en restant absolument sur le terrain du programme de la morale proprement dite.

7. — L'obligation scolaire.

Dans le chapitre relatif à nos devoirs envers nous-mêmes, nous avons parlé de la nécessité de l'instruction; mais nous n'avons envisagé cette nécessité qu'au point de vue de notre intérêt particulier. Pensez-vous que ce soit le seul côté sous lequel doive être considérée cette question?

Les enfants. — Nous ne savons pas.

Le maître. — L'État, mes amis, est grandement intéressé à ce que nous nous instruisions. Nous avons, vous le savez, des devoirs à remplir envers l'État. Or, pour les remplir, il faut les connaître, et comment les apprendre, si nous ne nous instruisons pas?

On a vu des gens refuser de payer leurs
impôts, refuser le service militaire, refuser
d'obéir aux magistrats, sous prétexte qu'ils ne
devaient pas être astreints à de telles obligations. C'est là le mépris des lois, et une nation
dans laquelle ce mépris s'affiche ne peut sub-
sister. On ne tolère pas ces résistances sans
doute; mais alors il faut avoir recours à la
force et des hommes ne devraient être con-
duits que par la raison. C'est donc à la raison
qu'il faut s'adresser, c'est elle qu'il faut éclairer
et convaincre, et pour cela il n'y a pas d'autre
moyen que d'instruire.

L'État s'impose les plus grands sacrifices
pour mettre à la portée de tous l'instruction
indispensable. Vous savez que la loi du
28 mars 1882 a rendu l'instruction primaire
obligatoire pour les enfants des deux sexes
âgés de six ans révolus à treize ans révolus.

Cette loi est-elle un bienfait? Pour nous,
c'est incontestable. On objecte, il est vrai,
qu'elle porte atteinte aux droits du père de
famille; mais c'est là une formule, et cette
formule, selon nous, constitue un non-sens et
une injure. Ceux qui l'invoquent font de l'État
un suspect, ils séparent l'État de la nation,
comme si l'État était autre chose que l'expression de la volonté et des besoins de la
nation.

En décrétant l'instruction obligatoire, l'État
a donc accompli un devoir et un devoir conforme à la morale: en multipliant ses écoles, il

ne forme pas seulement des ouvriers plus intelligents, il leur apprend les règles qui

doivent guider leur volonté, éclairer leur
activité, il leur fait comprendre que, ce qui
doit dominer dans la société, c'est le bien,
l'accord, la moralité.

L'État agit donc en bon père de famille.

QUESTIONNAIRE. — Qu'est-ce que l'obligation scolaire? — L'État
remplit-il ses obligations à cet égard? — Comment? — L'État
a-t-il le droit de rendre l'instruction obligatoire? — Pourquoi?
— Le maître pourra entrer dans tous les développements que
comporte ce sujet.

8. — Le bien, le mal, l'utile et la conscience.

LE MAITRE. — Mes enfants, nous avons parlé
précédemment de la propriété. En deux mots,
qu'avons-nous dit?

LES ÉLÈVES. — Que la propriété se fonde sur l'occupation et le travail.

LE MAITRE. — Bien, nous allons passer à un autre sujet. Connaissez-vous une idée en vous qui prime toutes les autres?

LES ÉLÈVES. — Nous ne trouvons pas.

LE MAITRE. — C'est l'idée du bien.

Cette idée se distingue par les caractères suivants :

1° Elle est la même pour tous les hommes, en tout temps, en tout lieu.

2° Elle ne change pas selon nos intérêts et selon nos passions.

3° Elle oblige tous les hommes à lui obéir, parce qu'elle se présente à tous d'une façon évidente.

Cette idée du bien, qui n'a pas changé depuis que le monde existe, prime toutes les autres, parce qu'elle seule présente les caractères que nous venons d'indiquer. Elle est le fondement de la loi morale, ou plutôt elle est cette loi elle-même.

Mais nous venons de parler de l'idée du bien ; savez-vous ce que c'est qu'une idée en général?

JACQUES. — Je crois que l'idée est la première chose qui nous vient dans l'esprit.

LE MAITRE. — En effet, on dit que l'idée est la connaissance sous sa forme la plus élémentaire. Comme nous avons l'idée du bien innée en nous, il est naturel que nous ayons par contraste l'idée contraire, l'idée du mal. Ainsi l'idée du mal est l'idée qui est éveillée en nous, quand nous songeons au bien. Il est naturel alors, puisque nous devons faire le bien, que nous évitions le mal. Ne vous est-il pas arrivé souvent de dire il faut agir comme ceci, il faut agir comme cela, bien que quelquefois ce que vous aviez intention de faire ne fût pas conforme au bien.

Louis. — Oui, monsieur.

Le maitre. — Pourquoi agissiez-vous ainsi ?

Louis. — Parce qu'une nécessité impérieuse me forçait à le faire, et que, dans l'intérêt d'un mal à éviter, sinon d'un bien à pratiquer, il fallait agir ainsi.

Le maitre. — Vous disiez alors qu'il était utile de faire comme vous faisiez.

Louis. — Oui.

Le maitre. — Eh bien, qu'est-ce que c'est que l'utile ?

Louis. — L'utile est ce qu'il faut faire.

Le maitre. — Votre définition, sans être mauvaise, est insuffisante.

L'utile est l'idée qui s'impose à nous lorsque nous avons à prendre une résolution dans notre intérêt.

Peut-on confondre le bien avec l'utile ?

Jacques. — Non, nous ne devons pas confondre le bien avec l'utile, parce que l'utile est parfois contraire au bien.

Le maitre. — Donnez-moi un exemple.

Jacques. — Monsieur, je ne saurais bien trouver.

Le maitre. — La guerre, par exemple, peut

être indispensable, et pourtant elle est loin d'être conforme au bien.

De plus le bien diffère de l'utile par ses caractères, la façon dont nous le comprenons et les sentiments qu'il excite.

Jacques, il vous est arrivé quelquefois de mal faire, n'est-ce pas ? Par exemple, vous avez été paresseux, gourmand, vous avez désobéi à votre mère ou manqué de respect à vos parents ; qu'avez-vous ressenti après ces divers actes blâmables ?

JACQUES. — J'étais irrité contre moi-même, je souffrais, j'aurais voulu pouvoir recommencer afin de mieux faire. Enfin une voix s'élevait en moi qui disait : ce que tu as fait est mal !

LE MAITRE. — Il vous est arrivé aussi de bien agir, de vous appliquer à vos devoirs, de secourir un pauvre ou de résister à une mauvaise tentation : qu'éprouviez-vous ?

JACQUES. — Oh ! un sentiment tout différent : j'étais content de moi, je m'approuvais secrètement. Pour tout au monde, je n'eusse pas voulu avoir agi autrement que je n'avais fait. Enfin la même voix me disait cette fois : « C'est bien. »

LE MAITRE. — Mes enfants, ce qui est arrivé à Jacques vous est arrivé à tous. Cette voix intérieure qui approuve ou blâme, absout ou condamne, et qui ne se *trompe jamais*, c'est la voix du bien, la voix de la morale profanée ou satisfaite, la voix de la *conscience*.

A propos de l'utile et du bien, il s'est trouvé des moralistes qui, en invoquant le témoignage de la conscience, ont confondu l'utile et notre intérêt avec le bien.

Si nous suivons toujours notre intérêt, ont-ils dit, nous atteindrons le bonheur; or, puisque notre bonheur c'est d'accomplir le bien, en réglant nos actions sur notre intérêt, nous accomplirons le bien.

Il est certain que notre intérêt consiste dans l'accomplissement parfait du bien, mais à condition que nous ne confondions pas le bien en nous avec notre bien-être; car, autrement, nous ne serions plus dans le vrai. Cette loi n'a pas les caractères d'une règle immuable.

1° Elle n'est pas universelle; car les intérêts matériels des hommes varient et se combattent souvent, comme, par exemple, l'intérêt du vendeur et celui de l'acheteur.

2° Elle n'est pas obligatoire, car nous sommes toujours libres de ne point rechercher le bien-être.

3° Notre devoir souvent est contraire à notre intérêt. Or nous ne devons pas hésiter à sacrifier notre fortune et notre vie même pour l'accomplissement de nos devoirs.

Cet exposé a peut-être quelque aridité pour vous, mes enfants; aussi, pour mieux me mettre à votre portée et vous faire comprendre que nous ne devons pas hésiter entre l'accomplissement d'un devoir et le sacrifice de notre intérêt, je vais vous raconter l'histoire suivante:

LES DEUX INTENDANTS

Au temps des croisades, un riche et puissant seigneur, Conrad, partit pour la terre sainte. Il abandonna le soin de ses domaines à son intendant, Grégoire, homme qu'il connaissait depuis sa plus tendre enfance et en qui il avait toute confiance.

Le gentilhomme possédait un superbe manoir élevé au sommet d'une côte montueuse. A dix lieues à la

ronde, la terre tout entière lui appartenait. C'étaient des parcs magnifiques, des forêts aux sentiers mystérieux, des coteaux où le soleil couchant dorait les raisins exquis, des plaines où croissaient en abondance le blé et les arbres fruitiers.

Le noble seigneur n'avait pas de famille. Il reportait toute son affection sur ses serviteurs et sur un oiseau magnifique, venu des pays étrangers. Il ne put se résoudre à quitter l'oiseau et résolut de l'emporter avec lui :

« Je veux, dit-il, que cette petite bête, si gracieuse et qui me vient de ma mère, ne me quitte point durant mon voyage, qu'on lui réserve une place dans l'un des chariots. »

L'oiseau, entendant ce langage, fut ravi de suivre son maître; mais il avait amassé durant son séjour au château toute une petite fortune composée de grains de mil, de fruits séchés, de duvet soyeux et de mousse moelleuse propre à garnir les nids. « Vais-je ainsi abandonner le fruit de mes épargnes, pensait-il ? Quelque hibou ou quelque oiseau voleur comme les pies et les corbeaux me dérobera en mon absence le fruit de mon travail. »

Il alla trouver un ramier avec lequel il s'était lié. — Mon ami, lui dit-il, je me confie à vous; voulez-vous me conserver ma petite fortune pendant que je serai livré au hasard des aventures? il me serait pénible, à mon retour, si toutefois je reviens de cette lointaine expédition, de trouver mon avoir détruit et ma réserve des vieux jours dispersée.

— Mon ami, dit le ramier, soyez sans crainte; je serai votre intendant, comme Grégoire est l'intendant de votre maître. Croyez que nous rivaliserons de fidélité; ma grande affection pour vous me le commande; de plus, tous les oiseaux sont frères; je ferai ce que vous auriez fait pour moi.

— Merci, reprit l'oiseau préféré; si je rencontre quelque pigeon voyageur, je vous enverrai de nos nouvelles.

L'expédition partit pour la terre sainte. On eut souvent de ses nouvelles; mais, après une grande bataille, on interrogea vainement tous ceux qui revenaient de là-bas. Le silence le plus lugubre était la seule réponse obtenue au sujet du seigneur croisé.

Vingt années se passèrent. Toujours pas de nouvelles. Grégoire, qui depuis le départ du maître avait la gestion de ses immenses biens féodaux, en vint peu à peu à se persuader qu'il en était le possesseur légitime. Les valets s'inclinaient devant lui; les serfs l'appelaient seigneur; tout lui obéissait. Je suis le successeur de Conrad, mort à la croisade, se disait-il. Alors il publia partout que, par un testament, le seigneur parti lui avait laissé tous ses biens. Il fit un riche mariage, on l'appela Monseigneur Grégoire et il jouit en paix du bien usurpé.

Le ramier fidèle, au contraire, appelait chaque jour l'oiseau absent. C'était en vain; mais il ne s'appropria pas la fortune qu'il avait promis de garder. Il l'augmenta même, ajoutant parfois un grain de son superflu, une plume dérobée à la brise qui l'emportait, un flocon de laine arraché au buisson de la route.

Mais voici qu'un soir le son du cor retentit, le pont-levis du manoir féodal s'abattit devant un vieillard à cheveux blancs qui était presque aveugle et qu'un enfant conduisait par la main. Sur son épaule reposait un oiseau dépouillé de sa riche parure d'autrefois, l'aile basse, la tête affaissée.

« Mes chers amis, dit le vieillard, je suis Conrad. Dieu soit loué! me voici enfin au seuil de la demeure de mes pères. »

Mais les valets lui rirent au nez: « Vous, Conrad! Vous ressemblez plutôt à un mendiant qu'à un riche seigneur. »

— « Hélas! ce sont les années, la souffrance, les chagrins et les batailles qui m'ont ainsi changé; mais je suis bien Conrad. Conduisez-moi vers mon intendant Grégoire; il me reconnaîtra. Du reste, voici l'oiseau que j'avais emporté à mon départ. »

On rit de nouveau, car l'oiseau ressemblait à une poule déplumée. Toutefois, sur les instances du vieillard, on le conduisit dans la salle des gardes, où Grégoire donnait ses ordres. L'oiseau, lui, s'envola et se mit à chercher le ramier.

Malgré le changement de ses traits, Grégoire recon-

nut Conrad ; mais, au moment de lui souhaiter la
bienvenue, il s'arrêta. De seigneur, pensa-t-il, je vais

devenir de nouveau serviteur ; de riche, pauvre ; nul
ne reconnaît l'ancien maître ; je n'ai qu'à le faire
chasser par mes valets ; il mourra de faim et de
misère, je resterai le seigneur du lieu.

Poussé par cette mauvaise pensée, il détourna les
yeux. « Vous êtes un vil mendiant ou un fou, dit-il ;
je ne vous connais point, Conrad est mort ; je vais
vous faire chasser, si vous ne sortez d'ici, maudit im-
posteur. »

Puis, afin de ne point entendre la malédiction du
vieillard, se faisant du reste honte à lui-même, il
s'enfuit au loin dans la forêt et s'assit sous un arbre,
dévoré de remords.

Il était plongé dans ses réflexions, lorsque tout à

coup il vit deux oiseaux sortir du tronc de l'arbre. Il
reconnut un de ses plus fidèles ramiers et l'oiseau
favori de son ancien maître.

Les deux oiseaux se becquetaient; le ramier lissait
les plumes qui restai t au pauvre oiseau éprouvé
par tant d'aventures; enfin il déposait près de lui
toute l'épargne qu'il avait conservée durant l'absence
de l'autre.

« Eh quoi ! s'écria l intendant, je serais plus abject
que les animaux ! Je me montrerais plus infidèle que
ce ramier ! Mille fois non. J'ai été un lâche d'avoir

hésité entre mon devoir et mon intérêt. Merci,
oiseaux de Dieu; grâce à vous, je ne terminerai point

par une tache ineffaçable une vie que nul reproche ne pouvait ternir. » Et, sans plus écouter les mauvais désirs qui traîtreusement essayaient encore de se faire jour en lui, il rejoignit le vieillard, assis au bord du fossé qui entourait son ancien domaine, et il lui restitua fidèlement avec de nouveaux revenus tout ce qu'on lui avait confié.

A la mort de Conrad, celui-ci lui légua tous ses biens, en reconnaissance des services rendus.

Ce récit prouve que nous ne devons jamais hésiter entre notre devoir et notre intérêt.

QUESTIONNAIRE. — Comment avons-nous l'idée du bien ? — Quels sont les caractères de l'idée du bien ? — Comment avons-nous l'idée du mal ? — Qu'est-ce que l'utile ? — L'utile peut-il être confondu avec le bien ? — Pourquoi cette confusion ne peut-elle pas se faire ? — Quels sentiments excite en nous le bien ? — L'utile excite-t-il les mêmes sentiments ? — Qu'est-ce que la conscience ? — Qu'est-ce que notre intérêt ? — Doit-on le confondre avec notre bien ? — Pourquoi le bien diffère-t-il de notre intérêt ?

---

9. — Le devoir, le droit, la justice; la vertu, le mérite, le démérite; sanction de la loi morale.

LE MAITRE. — De quoi nous sommes-nous entretenus dans notre dernière leçon ?

LES ENFANTS. — Nous avons parlé du bien et du mal, de l'utile et de la conscience.

LE MAITRE. — Avez-vous bien retenu les principes qui vous ont été exposés ?

LES ENFANTS. — Oui, monsieur.

Le MAITRE. — Ainsi, vous ferez bien la distinction entre le bien et l'utile et vous promettez d'obéir à la voix de votre conscience, qui est celle de la loi morale?

Tous. — Oui, monsieur.

Le maitre. — Nous allons aborder aujour-
d'hui d'autres sujets sérieux. Mais, auparavant,
je vais vous lire quelque chose pour vous faire
bien sentir ce que c'est que le remords.

LA PUISSANCE DU REMORDS

Un homme avait deux fils. Il les avait tous deux
élevés dans les principes de la plus saine morale ;
mais l'aîné seul avait profité de ses leçons.

Souvent on venait rapporter au père que Joseph,
le cadet, avait fait le mal, et chaque jour le père
désolé renouvelait ses remontrances, mais sans plus
de fruit : « Tu prétends, disait Joseph à son père,
que nous sommes sur la terre pour pratiquer le bien ;
tu n'en sais rien ; cela me semble étonnant à moi,
puisque le bien est si difficile à accomplir. Le mal,
au contraire, a de riantes couleurs, il m'attire, et je
le trouve bien plus agréable. Du reste, notre bien,
c'est notre intérêt.

— Mon fils, tu seras puni dans cette vie et dans
une autre encore.

— Qui vivra verra, répliquait Joseph. »

La punition ne se fit pas longtemps attendre. Un
jour, le méchant fils, poussé par la gourmandise, prit
plusieurs gâteaux qui se trouvaient à sa portée sur
l'étalage d'un pâtissier. Personne ne m'a vu, pensa-t-il ;
je vais aller dans la campagne et je mangerai ce que
j'ai volé. Et il alla dans les champs au lieu de se
rendre à l'école ; mais à peine avait-il fait quelques
pas qu'il lui sembla que tous les passants le considéraient avec peine, qu'ils lisaient sur son front sa
faute et qu'ils la lui reprochaient. Et une voix s'élevait
qui disait :

— « Joseph ! Joseph ! tu as commis le mal.

— Je vais aller loin, bien loin, se dit-il ; aucun ne

me verra, et cette voix qui me tourmente sera trop
loin pour que je l'entende. »

Mais, une fois dans les champs, il lui sembla que
toute la nature était changée : les buissons avaient
une couleur plus sombre ; une ronce s'accrocha à ses
vêtements, il eut peur et s'enfuit. Et il entendit la
même voix lui répéter :

— « Joseph ! Joseph ! tu as commis le mal.

— Je vais aller tout au fond de la forêt, pensa-t-il ;
mais là le ruisseau n'avait plus son murmure, les
grands arbres penchaient leur tête avec colère et les
oiseaux ne chantaient plus. Et il entendit encore la
voix lui redire :

— Joseph ! Joseph ! tu as commis le mal. »

Effrayé, il rentra dans un souterrain creusé dans
une carrière ; mais le vent souffla avec rage, la pluie
se prit à tomber, les chauves-souris battirent de leurs
lourdes ailes l'air froid de la caverne, et toujours la
même voix lui cria :

— « Joseph Joseph ! tu as commis le mal.

— Oh ! où me cacher ? s'écria Joseph éperdu.

— Nulle part, répondit la voix.

Le coupable jeta au loin les gâteaux.

— Serai-je puni, pensa-t-il, en sanglotant, comme me l'a prédit mon père ?

— Qui es-tu, dit-il à la voix ?

— Je suis le *remords !* »

Joseph, que la crainte de la prison et toutes les remontrances paternelles n'avaient pu rendre meilleur, s'amenda peu à peu sous l'influence du remords causé par le mal qu'il avait fait. Surtout il n'oublia jamais la souffrance que lui avait causée cette voix qui s'élevait toujours en lui pour lui reprocher sa faute, et encore aujourd'hui il tremble à la pensée de ces paroles :

— « Joseph ! Joseph ! tu as commis le mal. »

Vous le voyez, mes enfants, celui qui fait le mal a beau le faire en secret, il n'échappe pas au cri de sa conscience : c'est un juge inexorable et impartial. Agissez toujours de façon à mériter son approbation.

Reprenons notre entretien :

Nous avons jusqu'ici parlé de nos devoirs. Dites-moi maintenant en quoi consiste notre devoir.

LES ENFANTS. — Notre devoir consiste à obéir à la loi morale, autrement dit à l'idée du bien.

LE MAITRE. — Et qu'est-ce que le droit ?

LOUIS. — C'est la faculté que nous avons d'user de notre liberté, de notre intelligence et de notre sensibilité pour accomplir notre devoir.

LE MAITRE. — Vous voyez que nous avons des droits parce que nous avons des devoirs.

Qu'est-ce que la justice, André ? vous le rappelez-vous ?

André. — C'est la manière d'agir qui nous permet de ne pas nuire à nos semblables.

Le maitre. — C'est assez bon. La justice est le ferme propos de rendre à chacun son droit. (*Justitia est constans ac perpetua volontas jus suum cuique tribuendi*). En pratiquant la justice, on pratique la vertu.

Qu'est-ce qu'une vertu, Louis ?

Louis. — Vous l'avez déjà dit bien des fois, monsieur, et je l'ai retenu : la vertu, c'est la pratique du bien. Puisque nous devons pratiquer le bien, c'est dire que nous devons être vertueux.

Le maitre. — Oui, mon ami. Une croyance qui nous vient des jugements de la conscience est que celui qui fait le mal doit être châtié. Cet arrêt de la conscience se manifeste à tous les hommes, en tous temps, en tous lieux, sans qu'il soit besoin de le prouver. Cette croyance sert de base aux institutions pénales qui régnent chez les différents peuples. De là nos tribunaux, les prisons, les bagnes, l'échafaud.

L'ordre du monde troublé par l'injustice, a dit Bossuet, doit être réparé par le châtiment.

En résumé, les peines et les châtiments sont une conséquence de notre croyance au mérite et au démérite.

Les châtiments sont : les lois pénales ; le mépris de nos concitoyens ; le remords ; la crainte des peines de la vie future, qui est fondée sur la justice de Dieu.

Les récompenses sont : les récompenses civiques, telle qu'une décoration donnée à un soldat ; le respect, l'estime et l'admiration de nos concitoyens ; l'approbation de notre conscience ; les récompenses futures.

De ce fait que, si nous faisons le bien, nous serons récompensés, et, si nous faisons le mal, nous serons punis, nous pouvons conclure que notre intérêt est de pratiquer nos devoirs ; mais ce n'est pas l'intérêt seul qui doit nous guider : l'homme, union d'un esprit et d'un corps, créature noble, doit avoir pour mobile de ses actions des motifs nobles, tels que le désintéressement, l'amour de ses semblables et le désir d'accomplir ses devoirs.

Nous savons tous que l'existence nous a été donnée pour accomplir notre destinée, c'est-à-dire nous rapprocher sans cesse de la perfection réalisée par le bien suprême. L'homme qui s'en rapproche le plus est sans contredit l'homme qui accomplit ses devoirs parce que ce sont des devoirs, et non par intérêt.

Je ne sais pas si je me suis bien fait comprendre en vous parlant du mérite et du démérite comme je l'ai fait. Peut-être serai-je plus heureux en vous racontant une historiette à ce sujet.

UNE CAUSERIE PHILOSOPHIQUE CHEZ JEAN LAPIN

Il était vraiment coquet et curieux le logis souterrain que s'était creusé Jean Lapin sur le penchant d'un coteau. Ses mille contours mystérieux, ses portes secrètes en cas de danger, ses sorties savamment cachées sous chaque touffe de bruyère, enfin son étendue (il se ramifiait depuis les choux du père Nicolas jusqu'à la rive du grand ruisseau), tout faisait l'admiration des lapins du voisinage.

Aussi, par les belles matinées d'automne, après les déjeuners champêtres dans le thym sauvage et les courses folles dans la rosée, toute la jeunesse lapine des environs se réunissait-elle devant l'entrée principale du terrier.

Là on devisait, on parlait instruction et religion, rarement politique, sous l'œil de Jean Lapin, qui, une oreille pendante et l'autre tournée au vent, surveillait soigneusement les environs.

Ces réunions étaient calmes d'ordinaire. Un jour pourtant les discussions s'envenimèrent (les lapins ont l'esprit et l'attitude assez philosophiques, et justement on parlait philosophie) :

— Je voudrais bien savoir, dit Claude l'envieux, pourquoi le vieux Mathias a le privilège, de par la loi, de porter une touffe de thym nouée à sa patte gauche?

— Il a mérité cette décoration par sa belle conduite dans la dernière inondation, avait répliqué Brunet.

— Eh bien, moi, reprit Claude, si j'en portais une aussi?

— Tu ne l'as pas mérité.

— Mérité, démérité, qu'est-ce que cela veut dire et qu'est-ce que cela me fait?

Et là-dessus les questions avaient assailli Brunet, les discussions s'engageaient sous chaque racine, plusieurs lapins frappaient le sol de leurs pattes de derrière et, une brise légère s'étant élevée, les fleurs jaunes des bruyères tout émues frissonnèrent en entendant ce tapage.

Jean Lapin intervint. D'abord, silence, dit-il! Ensuite, écoutez-moi.

— « Claude, toi qui as l'air si animé, réponds-moi : penses-tu que celui qui a fait le bien doive être récompensé?

— Mais le père Mathias...

— Mon enfant, le père Mathias a fait le bien. Durant l'hiver dernier, les terriers environnant la rivière ont été tous inondés. Notre brave compatriote a plusieurs fois pénétré, malgré le danger, dans les étages inférieurs de nos demeures et a retiré, au péril de sa vie, plusieurs de nos petits, qui sans lui se fussent infailliblement noyés.

A l'exemple d'un peuple dont j'ai lu l'histoire et qui décernait une couronne de gazon aux soldats qui avaient bien mérité de la patrie, nous avons voulu que le père Mathias, en mémoire du service rendu, portât toujours avec lui une touffe de thym cueillie au bord de la rivière. Je pense que nous avons agi justement; tu as bien tort d'être jaloux de ce brave personnage : outre qu'il est modeste, tu étais peut-être de ceux qu'il a sauvés.

Claude ne dit plus rien ; mais Brunet reprit :

— « Père Jean, vous qui parlez si bien et qui avez
» lu de si belles histoires, expliquez-leur donc ces
» grands mots de mérite et de démérite, pour lesquels
» ils faisaient tant de bruit tout à l'heure. »

— C'est très simple, repartit Jean Lapin :

On appelle mérite et démérite le principe qui a
dicté notre conduite envers le père Mathias : c'est la
notion qui est en nous et qui nous dit que celui qui
a fait son devoir est digne de bonheur, tandis que
celui qui a pratiqué le mal est digne de malheur.

De là découlent nos idées de châtiment et de
récompense; une récompense que nous avons voulu
assurer au brave Mathias est le respect et l'admiration
de ses concitoyens; aussi l'avons-nous décoré d'une
marque distinctive qui servît d'émulation à la jeunesse. »

Les jeunes lapins, confus d'avoir fait tant de bruit,
remercièrent Jean Lapin et se séparèrent, pendant que
Brunet faisait cette réflexion :

« La récompense est un bonheur mérité, le châtiment est un malheur mérité, voilà tout le mérite et
le démérite. »

QUESTIONNAIRE. — Qu'est-ce que le devoir? — Qu'est-ce que
la justice? — Qu'est-ce que la vertu? — Qu'est-ce que le remords? — Le coupable peut-il échapper au remords? — Citez
un exemple? — Joseph a-t-il pu échapper à la voix de sa conscience? — Quelle est la sanction de la loi morale? — Citez les
principaux châtiments. — Citez les principales récompenses. —
Qu'est-ce qu'on appelle mérite et démérite? — Doit-on accomplir
son devoir dans le but de recevoir une récompense? — Dans
quel but doit-on l'accomplir?

10. — La destinée de l'homme. — L'im-mortalité de l'âme.

L'homme est créé pour la recherche du bien
idéal, du beau et du vrai : voilà où nous tendons sans cesse. Or le bien idéal, parfait, ne

peut se rencontrer que dans l'infini, et un seul être réalise le bien suprême et se confond avec lui : c'est Dieu.

Il est certain que nous n'atteignons pas le bien complet ici-bas. Comme nous nous sentons créés pour l'atteindre, il faut bien, puisque ce n'est pas dans cette vie, que ce soit dans une autre ; de là notre croyance à l'immortalité de l'âme.

Nous sommes, en effet, composés de deux éléments, le corps et l'âme. L'âme, c'est ce qui est en nous de libre et d'intelligent ; l'âme est la pensée, l'âme est l'esprit. Le corps, au contraire, est un composé matériel qui sert comme un esclave les volontés de l'âme son maître.

A notre mort, c'est-à-dire au moment opportun pour la séparation du maître et de l'esclave, de l'esprit et de la bête, nous laissons notre corps, et l'âme s'envole vers l'infini, c'est-à-dire vers Dieu, vers le Bien Suprême.

Notre âme est immortelle, contrairement à notre corps, qui retournera à la matière dont il est formé.

Nous avons, pour nous attester l'immortalité de l'âme, des preuves éclatantes :

1° Tous les hommes, dans tous les temps, dans tous les lieux, ont cru à une vie future. C'est de cette croyance que naît le culte des morts, qui existe même chez les peuplades les plus sauvages.

2° Notre âme est simple, impalpable, c'est-à-dire qu'elle n'est pas composée de matière comme le corps, dont la mort n'est qu'une dissolution, c'est-à-dire une décomposition de matière. Comment l'âme, qui n'est pas composée, pourrait-elle se décomposer ?

3º Nous tendons à une fin qui n'est pas remplie ici-bas, puisque sur la terre nous n'avons jamais réalisé le bien suprême ; il faut donc que ce soit après notre mort que nous le réalisions.

4º Nous avons par notre conscience la certitude que le bien doit être récompensé et le mal puni. Or il n'en est pas toujours ainsi sur la terre : que de vertus ignorées qui restent sans récompense, que de criminels qui vivent le front haut ! Il faut bien que ce soit dans une autre existence que l'homme soit placé à son rang, j'allais dire à sa sphère, selon ses œuvres.

Un grand poète, Victor Hugo, a dit quelque part que tout homme qui aura désiré ici-bas l'immortalité de l'âme, qui aura souffert pour la posséder après la mort, doit espérer de l'avoir dans sa plénitude ; mais l'homme qui n'y aura jamais pensé, qui ne l'aura pas désirée en sera privé dans le sens où nous l'entendons : il aura après sa mort une longue attente à subir avant d'arriver au Bien Suprême, notre fin dernière.

Tel est, mes enfants, le dogme de la vie future. C'est un sujet bien sérieux pour vous ; il fallait pourtant l'aborder ensemble : nous voyons, avec cette croyance, au delà de nos

vicissitudes d'ici-bas. Cette croyance contri-
bue encore à nous rendre plus scrupuleux
observateurs de tous nos devoirs, elle nous
fait progresser dans la voie du bien, elle nous
excite à nous perfectionner sans cesse. Réfléchissez-y donc dès maintenant, réfléchissez-y
quand vous serez hommes surtout.

QUESTIONNAIRE. — Pourquoi l'homme a-t-il été créé? — Quelles
preuves donnerez-vous de l'immortalité de l'âme? — Accomplir
ses devoirs n'est-ce pas se rendre digne de l'immortalité? —
Citez les paroles de Victor Hugo à propos de l'immortalité de
l'âme. — Comment les justifier?

11. — Ce qui favorise l'accomplissement de nos devoirs et ce qui lui nuit.

Mes enfants, vous connaissez maintenant
vos devoirs et la manière de les pratiquer;
mais vous serez parfois hésitants entre le
bien et le mal; car le bien coûte souvent à
accomplir. Rappelez-vous, dans toutes les occasions difficiles, que le mérite de faire une
bonne action est d'autant plus grand qu'elle
nous coûte davantage. Secourir un pauvre
est chose aisée pour le riche; mais être indi-
gent soi-même et donner à un plus malheureux est l'accomplissement idéal du devoir
envers nos semblables.

Afin de vous prémunir contre ce qui pourrait nuire à l'accomplissement de vos devoirs,
nous allons étudier ensemble la manière d'agir
dans les cas les plus difficiles. D'abord, une

des causes de nos mauvaises actions, ce sont nos défauts, nos penchants, nos passions.

Qu'est-ce qu'une passion, Pierre ?

PIERRE. — Monsieur, une passion est un défaut.

LE MAITRE. — Sans doute, mon enfant, mais c'est plus qu'un défaut : une passion est une inclination très prononcée, presque violente, vers un défaut. Il est vrai aussi que ce mot s'emploie dans une bonne acception et qu'on peut dire de quelqu'un, par exemple, qu'il a la passion du bien ; toutefois, il est certain qu'il est plus généralement pris en mauvaise part.

Nos passions, qui sont, sans contredit, une cause fréquente de mauvaises actions, ont reçu différents noms. Savez-vous, Jacques, comment s'appellent nos principales passions ?

JACQUES. — Non, monsieur.

LE MAITRE. — Eh bien, cherchons ensemble quels peuvent être nos défauts principaux : nous aurons toute facilité ensuite pour trouver nos passions. Cela du reste revient au même.

N'avez-vous jamais été nonchalant et paresseux, Louis ?

LOUIS. — Non, monsieur.

LE MAITRE. — Je n'en suis pas aussi sûr que vous. Ne m'avez-vous pas l'autre jour apporté un devoir très insuffisant, en me disant que vous n'aviez pas eu le temps nécessaire pour le finir ? Je crois bien que vous avez été paresseux ce jour-là, avouez-le.

Louis. — C'est vrai.

Le maitre. — Eh bien, mon ami, la paresse
est un défaut qui, lorsqu'il est enraciné en
nous, devient une passion. On a prétendu que
la paresse est la mère de tous les autres vices.
Sans aller aussi loin, nous pouvons facilement
nous convaincre que la paresse nous empêche
d'accomplir tous nos devoirs.

C'est par paresse que nous ne travaillons

point (quel triste spectacle que celui d'un fai-
néant!), que nous ne secourons point nos semblables, que nous n'aidons point nos parents et
même que nous oublions nos devoirs envers
nous-mêmes. J'ai connu des petits paresseux
qui arrivaient en classe la figure et les mains
sales, les cheveux mal peignés, les habits non

brossés. Ils étaient trop insouciants pour prendre la peine même de se laver.

La paresse, mes enfants, est un vice dégradant : nous avons des facultés pour en faire usage et nous sommes sur terre pour atteindre un but au moyen de ces facultés ; si nous les laissons dormir en nous, si nous sommes avares de ce trésor caché, nous ne méritons point l'immortalité d'une âme qui a agi et qui présente un ensemble de bonnes actions qui l'ont élevée, épurée et perfectionnée.

Nous devons faire tous nos efforts pour ne pas nous laisser aller à la paresse. Les premiers pas dans la lutte nous coûteront, sans doute, mais peu à peu nous en viendrons à aimer le travail autant que nous aimions l'oisiveté et la nonchalance. Au reste, nos triomphes seront d'autant plus méritoires qu'ils seront plus difficiles à remporter sur nous-mêmes. Nous devons prendre la résolution de faire tous nos efforts pour bannir de nous la paresse. Le promettez-vous ?

Tous. — Oui, monsieur.

Le maitre. — André, connaissez-vous un autre grand défaut ?

André. — Oui, monsieur, l'orgueil.

Le maitre. — Ce défaut est malheureusement très commun. Écoutez, à ce sujet, le récit suivant :

Louis était un charmant enfant, à qui l'on reconnaissait beaucoup de qualités : il était travailleur, intelligent, doux, aimant, charitable et probe, au dire de tous ses condisciples. Cependant il n'avait que peu d'amis, parce qu'il existait malheureusement chez lui, à côté de toutes ces perfections, un grand défaut. Il était orgueilleux.

Ce défaut grandit avec l'âge; Louis en vint à croire qu'il était capable de tout et à s'imaginer qu'il n'ignorait rien. Il jugeait ses condisciples du haut de sa vanité et redoutait par-dessus toute chose ce qui pouvait blesser son amour-propre. Ce fut le malheur de sa vie. Peu à peu ses amis le quittèrent; car on préfère la modestie d'un homme, fût-il inférieur, aux présomptions d'un autre, fût-il supérieur. Louis resta seul à s'admirer; il passa sa vie à entreprendre des œuvres au-dessus de ses forces et ses efforts furent tournés en ridicule. Il mourut sans se corriger, se croyant le premier homme de son temps, et n'étant en réalité que le premier des orgueilleux.

Jacques, citez-moi encore un autre défaut.

JACQUES. — La gourmandise, la colère.

LE MAITRE. — Cela fait deux. Eh bien! en quoi la gourmandise peut-elle nous empêcher de remplir nos devoirs?

JEAN. — En ce que, pour un bon dîner, par exemple, nous pouvons délaisser une bonne action à faire.

LE MAITRE. — L'exemple est bon. La satisfaction de nos penchants nous porte toujours, si nous n'y prenons garde, à négliger tel ou tel de nos devoirs.

Vous avez parlé de la colère tout à l'heure.

Comment la colère nuit-elle à l'accomplissement de nos devoirs?

CHARLES. — Lorsque nous sommes en colère,

nous devenons incapables de discerner le bien du mal.

Le maitre. — Ce n'est que trop vrai, mon enfant. La colère, en effet, nous aveugle l'esprit. Elle nous empêche de raisonner, de juger, et nous fait quelquefois ressembler à des fous. Un homme qui n'est pas de sang-froid, qui est enclin à la colère doit se défier de lui-même continuellement. Vous comprenez combien, en effet, il est utile de se prémunir contre cette passion, qui nous enlève l'usage de nos facul-

tés et qui, pendant que nous sommes sous son empire, nous prive du titre d'hommes libres. Que feriez-vous, Henri, si vous vous aperceviez que vous êtes enclin à la colère ?

HENRI. — Je ne sais.

LE MAITRE. — Il vous faudrait accomplir un violent effort sur vous-même. Si votre amour-propre était blessé dans vos jeux et dans vos discussions d'enfants, vous vous appliqueriez immédiatement à raisonner plus lentement et plus froidement. Vous feriez toutes les concessions nécessaires et au besoin vous diriez à votre adversaire : Mon ami, je vous en prie, ne continuons pas ; je crains de me mettre en colère.

Il faut que vous preniez tous l'engagement d'agir ainsi, car des accès de colère peuvent avoir les plus terribles conséquences. C'est un devoir également de ne point exciter la colère d'autrui.

Connaissez-vous d'autres défauts, Pierre ?

PIERRE. — Le mensonge.

LE MAITRE. — Le mensonge est sans doute un défaut, mais c'est un défaut qui découle des autres. Mentir, c'est nous abaisser à nos propres yeux, parce que le mensonge est indigne d'un homme, qui, créé pour le bien, ne doit avoir à désavouer aucune de ses actions. Ce défaut est malheureusement commun chez les enfants. Ne vous y laissez pas aller, ou vous n'inspireriez confiance à personne et vous seriez sûrement les premiers à souffrir de cette détestable habitude.

Un défaut plus capital, c'est l'envie. Qu'est-ce que l'envie, Jacques ?

JACQUES. — Monsieur, c'est la jalousie.

LE MAITRE. — Sans doute, mais c'est l'envie qui fait naître la jalousie. L'envie est un sentiment de tristesse que nous ressentons à la vue des avantages d'autrui. L'envie a plus d'un rapport avec l'orgueil. C'est d'elle que viennent la médisance et l'ambition non justifiée.

Il est encore un autre grave défaut, mais on ne l'a guère à votre âge. Je veux parler de l'avarice, qui est la passion d'amasser sans cesse et de conserver, souvent improductifs, des capitaux qui pourraient être employés

d'une façon profitable pour le bien commun.

Nous avons dit que nos passions sont la cause qui nous empêche d'accomplir nos devoirs. Ajoutons que notre intérêt n'est pas toujours d'accord avec notre devoir. C'est ainsi que le commerçant a souvent de la peine à concilier les deux : en surfaisant sa marchandise, il gagne sans doute davantage, mais il trompe son client.

Enfin, il y a le respect humain qui nous arrête aussi parfois, c'est-à-dire la crainte que nous avons de l'opinion de nos semblables. Il peut se présenter, en effet, des cas où une de nos actions ayant pour but caché le bien risque d'être blâmée, et cette crainte peut nous faire hésiter. C'est une considération qui ne doit jamais nous arrêter.

Il y a une maxime qui dit : « Fais ce que dois, advienne que pourra ». Nous pouvons en faire notre devise et la règle habituelle de nos actions. Jamais elle ne nous induira en erreur; toujours par elle nous atteindrons le bien, dont la recherche doit être notre guide immuable.

La pensée et le désir du bien doivent présider à toutes les actions de notre vie, je vous l'ai dit souvent, et vous le répéterai sans cesse. Je ne serai d'ailleurs pas seul: une voix non moins autorisée et plus importune que la mienne le redira constamment en vous. Il faut faire le bien, non parce que cela nous est ordonné par la loi écrite, mais parce que c'est une prescription de la loi morale.

La première ne nous impose que des devoirs sociaux; si nous les trangressons, nous nous exposons aux peines qu'elle a établies en vue de les faire respecter, tandis que la loi morale impose dans le secret de la conscience des obligations que nul n'est contraint à remplir; l'obéissance à la première est une question de sauvegarde, l'obéissance à la seconde est une question d'honneur moral.

La loi écrite vous dit : Tout homme qui sera convaincu de vol encourra une peine proportionnée à sa faute; la loi morale dit : Le vol est une action infâme, que la conscience réprouve et qu'un homme de bien né doit jamais s'abaisser à commettre. Obéissez à la loi civile: rien ne vous sera plus facile, si vous arrivez à la loi écrite par l'obéissance à la loi morale.

Là se termineront nos entretiens sur les sujets que nous avions entrepris de traiter. Nous nous retrouverons, je l'espère. En attendant, comme je vous aime profondément, mes enfants, mon plus cher désir est que vous profitiez de nos leçons. Je vous ai appris vos devoirs, à vous de les remplir.

QUESTIONNAIRE. — Quelles sont les causes qui s'opposent à l'accomplissement de nos devoirs? — Qu'est-ce qu'un défaut...? une passion? — Comment combattre la paresse? — Est-il exact de dire que la paresse est la mère de tous les vices? — Qu'est-ce que l'orgueil? A quoi peut conduire l'orgueil? Comment se corrige-t-on de l'orgueil? — Qu'est-ce que la colère? Que doit faire celui qui se sent enclin à la colère? La colère peut-elle avoir de fâcheuses conséquences? Citez des exemples. — Qu'est-ce que le respect humain? Doit-on se laisser arrêter par le respect humain? — Quelle est la devise que nous pouvons prendre pour ligne de conduite? La commenter un peu pour la bien faire comprendre aux enfants.

FIN

TABLE DES MATIÈRES

FIN DE LA TABLE DES MATIÈRES

1147 PARIS. — IMPRIMERIE CHARLES BLOT, RUE BLEUE, 7.

www.ingramcontent.com/pod-product-compliance
Lightning Source LLC
Chambersburg PA
CBHW051737090426
42738CB00010B/2295